TRADITIONS
HISTORIQUES ET LÉGENDAIRES
DU
SOUDAN OCCIDENTAL

Traduites d'un manuscrit arabe inédit

PAR

MAURICE DELAFOSSE

PRIX : 2 FRANCS

PUBLICATION
DU
COMITÉ DE L'AFRIQUE FRANÇAISE
21, Rue Cassette, 21
PARIS

1913

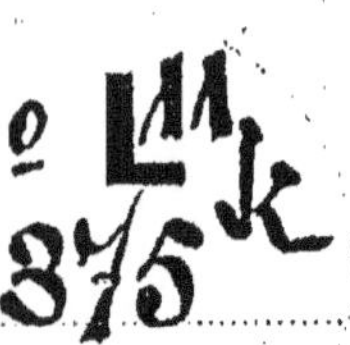

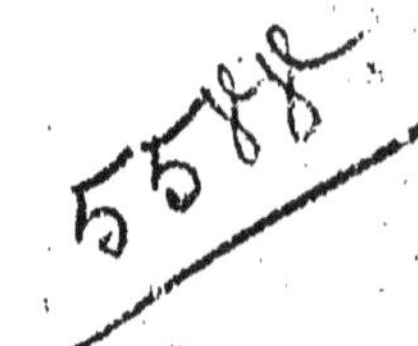

TRADITIONS

HISTORIQUES ET LÉGENDAIRES

DU

SOUDAN OCCIDENTAL

Traduites d'un manuscrit arabe inédit

PAR

MAURICE DELAFOSSE

PRIX : 2 FRANCS

PUBLICATION
DU
COMITÉ DE L'AFRIQUE FRANÇAISE
21, Rue Cassette, 21
PARIS

1913

TRADITIONS

HISTORIQUES ET LÉGENDAIRES

DU SOUDAN OCCIDENTAL

Traduites d'un manuscrit arabe inédit

Par MAURICE DELAFOSSE

Note du traducteur.

Certaines des traditions rapportées ici avaient été déjà recueillies et publiées en partie, d'abord par le Dr Bérenger-Féraud (légende du serpent, appliquée au Bambouk, dans *Les Peuplades de la Sénégambie*, 1879), puis par le Dr Tautain (même légende, transportée du Ouagadou au pays de Ghana, dans *Légendes et traditions des Soninké*, 1895), surtout par M. l'administrateur Adam (*Légendes historiques du pays de Nioro* dans la *Revue coloniale*, 1903, nos 13, 14 et 15) et par le lieutenant Lanrezac (*Au Soudan : la légende historique* dans la *Revue indigène*, 1907), enfin par moi-même dans un ouvrage récent (*Haut-Sénégal-Niger : le pays, les peuples, les langues, l'histoire, les civilisations*, 1912) et par M. l'administrateur Robert Arnaud dans *La singulière légende des Soninkés* (annexe à *l'Islam et la politique musulmane française*, publication du Comité de l'Afrique Française, 1912).

Pour la première fois, je crois, M. Chartier, administrateur-adjoint des colonies, a recueilli ces traditions, non pas à travers la traduction orale et plus ou moins fidèle d'un interprète, mais dans le texte même, et même en deux langues : il se les est fait d'abord dicter en langue mandé (dialecte banmana ou bambara) par deux notables habitant

Nioro (Hadi Bâ, fils d'un ancien chef de la région de Dioka, et Mamadou Sallama, écrivain d'arabe et neveu du cadi de Nioro) ; ensuite, il s'est procuré une copie d'un manuscrit arabe inédit contenant l'ensemble de ces traditions et, en plus, l'histoire de la domination toucouleure dans le pays. Ce manuscrit a pour auteur un indigène nommé Mamadi Aïssa, actuellement cadi et président du tribunal de province de Nioro, le même qui avait documenté M. l'administrateur Adam ; la copie que m'a remise M. Chartier a été faite sur le manuscrit original par Mamadou Sallama, neveu de l'auteur, le même — si je ne m'abuse — qui avait renseigné M. le lieutenant Lanrezac. Il m'a paru intéressant de donner la traduction fidèle et complète de ce document et de présenter ainsi ces traditions historiques et légendaires telles qu'elles se sont conservées jusqu'à nous dans la mémoire des indigènes.

J'ai ajouté simplement quelques notes explicatives. Pour l'orthographe des noms propres, et tout au moins en ce qui concerne les trois premiers récits, je me suis guidé à la fois sur le texte arabe et sur les textes bammana que M. Chartier avait déjà mis très obligeamment à ma disposition et que j'avais utilisés dans l'ouvrage cité plus haut. Je dois faire observer ici que le texte arabe est beaucoup plus précis et, sur certains points, plus complet que le texte bammana, lequel paraît n'être qu'une traduction approximative du premier.

M. Delafosse.

Préface de l'auteur.

Au nom de Dieu clément et miséricordieux. Que Dieu répande ses bénédictions sur notre seigneur Mohammed, son prophète, sur sa famille, ses épouses et ses descendants, et qu'il leur accorde le salut !

Ce qui suit est une notice destinée à expliquer les origines et la succession des souverains et autres personnages, ainsi que la manière dont la terre a été partagée en empires et le motif de la ruine de ceux-ci par suite des discordes nées au sein des dynasties de tous les chefs d'Etat du pays des Noirs et d'autres régions. Elle a été rédigée en résumant tout ce qui a été recueilli de la bouche des vieillards et de ceux des gens bien disants qui connaissent les origines des peuples du Soudan et des autres pays.

Voici le commencement de notre récit : il nous vient de Dieu (1); que celui-ci nous aide à l'exposer! On dit que le motif de la dispersion des hommes dans la direction de l'Ouest fut le suivant : lorsque Pharaon, roi d'Egypte, s'étant lancé avec son armée sur les traces des Israélites, se fut noyé dans la mer Rouge (2) et que les gens de son royaume l'eurent appris, ceux-ci (3) quittèrent leur pays en se dirigeant du côté de l'Ouest, les habitants de chaque village s'enfuyant sur les traces de ceux d'un autre village, jusqu'à ce qu'ils fussent arrivés dans l'Occident; chaque groupe s'installa dans un endroit spécial, s'y multiplia et engendra une nombreuse descendance, et c'est ainsi que les pays de l'Occident se remplirent d'habitants, chaque chef de groupe commandant les gens de son groupe et leur enseignant les prin-

---

(1) L'auteur semble vouloir dire par là que la légende qu'il va rapporter est une révélation de Dieu même et qu'il ne la tient pas des informateurs dont il vient de parler ; il nous invite ainsi à ne point la considérer comme une tradition historique.

(2) Le texte porte *bahr-el-qolonzoum*, au lieu de *bahr-el-qolzoum*, qui est l'un des noms de la mer Rouge en arabe ; si l'on réfléchit que l'auteur du manuscrit est un Soninké et que *kolon-dioumé* (ou *kolen-doumbé*) signifie « rivière rouge » en soninké, on peut supposer qu'il a confondu une expression arabe qu'il connaissait mal avec une expression soninké qu'il connaissait mieux et qui, par le sens comme par la consonance, se trouve avoir une certaine analogie, toute fortuite d'ailleurs, avec le nom arabe de la mer Rouge.

(3) Il s'agit donc d'Egyptiens qui, d'après cette légende, auraient peuplé les régions occidentales du Soudan ; je n'ai pas besoin d'insister sur le peu de fond qu'il convient d'accorder à cette « révélation ». Il est à remarquer que d'autres légendes, conservées chez les Peuls, font noyer Pharaon, non pas dans la mer Rouge, mais dans le Nil, et font partir vers l'Ouest à la suite de cet événement, non pas les Egyptiens, mais une partie des Israélites pourchassés par Pharaon.

cipes de la magie (1), sans que ceux qui lui succédèrent y apportassent d'autre changement (2).

I

HISTOIRE DU ROYAUME DU OUAGADOU

Le premier souverain qui exerça la royauté dans le pays (3) fut le roi du Ouagadou. Voici comment ce royaume fut constitué.

On dit qu'un homme nommé Digna (4), fils de Khiridion Tamaganké, fils de Yougou Doumbessé, fils de Job, fils de Salomon, fils de David (que le salut soit sur lui !), arriva de l'Orient avec ses compagnons ; il avait avec lui trois cents magiciens, et le chef de ces magiciens était Karabara Diadiané (5), l'ancêtre du clan des Soudoro (6). Ils poursuivirent leur voyage jusqu'à ce qu'ils fussent arrivés à un village nommé Dienné (7) et s'arrêtèrent chez les habitants de ce village. Ils y étaient depuis longtemps, lorsque Digna demanda en mariage aux habitants une femme nommée Sétakhoullé Dafé ; il l'épousa, puis séjourna avec elle en cet endroit durant vingt-sept ans sans

---

(1) Les Egyptiens passent auprès des musulmans pour avoir été les inventeurs de la magie ; il n'est donc pas étonnant que les traditions musulmanes ou simplement islamisées attribuent à leur hypothétique migration vers l'Ouest l'origine des pratiques magiques en usage au Soudan occidental.

(2) La traduction du dernier membre de phrase est donnée sous toutes réserves, les mots du texte arabe étant à peu près illisibles en cet endroit.

(3) Littéralement « le premier roi de leur royauté ».

(4) Ou Dinga.

(5) Ou Garabara-Diané.

(6) Ou Soudouré.

(7) Ou plutôt « à un village situé là où se trouve Dienné », car il est vraisemblable que cette dernière ville n'existait pas encore à cette époque ; la migration de Digna — ou du moins la migration qui donna lieu à la légende de Digna — doit se placer vers l'an 700 de notre ère.

avoir aucun enfant de cette femme. Alors il la répudia et s'éloigna de Dienné avec sa tribu pour se rendre en un village appelé Diagha (1), où il s'installa et épousa une femme indigène nommée Assakhoullé Soudoro; celle-ci lui enfanta trois jumeaux. De ces trois enfants, l'un mourut et il en resta deux : l'un, appelé Dia Founé, fut l'ancêtre du clan soninké connu sous le nom de Dyikiné; il fut le premier à s'établir dans la province du Diafounou (2), qui fut ainsi appelée du nom de ce Dia Founé qui s'y était installé; l'autre, nommé Diaghaba Founé, fut l'ancêtre du clan connu sous le nom de Souaré; il s'établit à Diaghaba (3).

Ensuite Digna repartit de Diagha avec sa tribu. Ils arrivèrent dans la province du Kingui (4) et s'arrêtèrent en un lieu nommé Daraga, situé près du village de Diogha (5). Lorsqu'ils eurent fait halte en cet endroit, Digna envoya des gens puiser de l'eau à un puits qui se trouvait là. Quand ces gens furent arrivés au point d'eau, le génie du puits leur en interdit l'accès; ils revinrent auprès de Digna et l'informèrent de la chose. Digna alors s'avança en personne jusqu'au puits et trouva le génie se tenant sur le puits. Digna poussa un cri à la face du génie, qui devint aveugle et dut s'asseoir, mis dans l'impossibilité de se tenir debout. Mais ensuite le génie pratiqua ses propres enchantements : il cria à la face de Digna, et celui-ci devint aveugle et sourd et dut s'asseoir sans pouvoir se relever. Digna appela à son aide le chef de ses magiciens, c'est-à-dire Karabara Diadiané, qui, usant de maléfices, cria à la face du

---

(1) Ou Dia, sur le bras du Niger appelé « marigot de Dia, de Diagha ou de Diaka », près et en aval de Diafarabé.
(2) Entre Nioro et Kayes.
(3) C'est-à-dire « Diagha-la-Grande » ou « fleuve de Diagha ».
(4) Province dans laquelle se trouve situé Nioro.
(5) Ou Dioka, sur la route de Nioro à Kayes.

génie : le génie devint aveugle et sourd et dut s'asseoir, privé de sa puissance. Ainsi réduit à l'impuissance, le génie demanda grâce à Digna et lui dit : « Si tu détournes de moi le mauvais sort que tu m'as fait jeter, nous habiterons ensemble et je te donnerai en mariage mes trois filles. » Digna agréa sa proposition et tous deux conclurent un pacte sur ces bases; puis Digna enleva le mauvais sort jeté sur le génie.

Cela fait, ils demeurèrent ensemble dans le village de Daraga et Digna épousa les trois filles du génie, dont la première s'appelait Diangana Bôro, la seconde Katana Bôro et la troisième Sinanguillé Gounékhousso. Il eut de Diangana Bôro cinq fils et un serpent python appelé *Ouagadou Bida* en langue étrangère (1); les fils furent : Téré-Khiné, ancêtre des Soninké connus sous le nom de Sokhona; Téré-Khalé, qui n'eut pas de postérité; Lampakhé Mohammadou (2) Boundayoré, ancêtre des Soninké connus sous le nom de Bérété; Ouagara Guidé, ancêtre des Soninké connus sous le nom de Sémèga; Tougamadi Kabouda, ancêtre des Soninké connus sous le nom de Diâbira. Après eux naquit le python.

Quant à Katana Bôro, elle donna à Digna cinq fils : Maghan Diâbé, ancêtre du clan des Sissé et premier souverain du royaume du Ouagadou; Maghan Tâné, connu sous le nom de clan de Sissé;

---

(1) C'est-à-dire en langue non arabe et, dans l'espèce, en langue soninké; une variété de python est appelée *bida* en cette langue.

(2) On peut à bon droit s'étonner de trouver un prénom musulman porté par un Soninké qui vivait probablement dans la première moitié du VIIIe siècle, c'est-à-dire cent ans à peine après l'hégire, à une époque où l'islamisme n'avait presque certainement pas pénétré encore au Soudan. Il est bon de se rappeler d'abord que les noms indigènes ont pu se métamorphoser dans la bouche ou sous la plume des musulmans qui ont conservé ces légendes, ensuite qu'il existe chez les Soninké et les Mandé en général un prénom — *Mâmari* ou *Mâmadi* — qui correspond exactement à l'une des façons dont les Soudanais prononcent habituellement le nom de Mahomet sans dériver nécessairement de ce dernier.

Maghan Tànè Fankanté, également l'un des ancêtres des Sissé; Maghan Mâmadi (1) Sissé; enfin Maghan Kaya (2) Sissé, durant le règne duquel fut désorganisé l'Etat du Ouagâdou.

Sinanguillé Gounékhousso donna à Digna quatre enfants : Douaïssé (3), ancêtre d'une fraction des Douaïch (4) qui se trouvent du côté du Sahel (5), à savoir de la tribu de Bakar-ben-Soueïd-Hammed; Mâmadi, ancêtre des Soninké connus sous le nom de Touré Kankhadiâbé; Fa Siré, ancêtre des Soninké connus sous le nom de Khoumma (6); enfin Matam, qui n'eut pas de postérité.

L'occasion de la constitution du royaume du Ouagadou, d'après ce que nous avons appris de ceux qui nous l'ont contée, fut la suivante.

---

(1) Le texte arabe porte ici encore « Mohammadou », mais plus loin il donne pour le même personnage la leçon « Mâmadi ».

(2) Ou Manga-Koya. Ces cinq personnages, qui furent successivement tous les cinq rois du Ouagadou, portent des noms semblant indiquer qu'ils étaient fils d'un nommé Maghan (ou Manga) : en soninké en effet le nom du père précède celui du fils ; la construction est inverse en peul et, dans cette dernière langue, les mêmes noms deviennent Diâbé Maga, Tânè Maga, Tânè Fankanté Maga, Mâmadi Maga et enfin Kaya Maga : c'est sous cette seconde forme que se trouve mentionné, dans le *Tarikh-es-Soudân*, le nom du dernier des cinq frères, lequel, après la désorganisation du Ouagadou, s'empara du pouvoir à Ghana et y établit l'autorité des Soninké du clan des Sissé. D'après la tradition rapportée par l'auteur, ce Maghan, père des cinq rois du Ouagadou et du premier empereur soninké de Ghana, devrait être identifié avec Digna : celui-ci aurait pu recevoir le surnom de Maghan, mais il est plus vraisemblable de supposer que plusieurs personnages, et peut être plusieurs générations, ont été réunies par la tradition sous le nom du symbolique Digna.

(3) Ou Douissé.

(4) Les Douaïch (ou mieux Idao-Aïch) sont des Maures ; parmi eux vivent des Noirs plus ou moins métissés qui peuvent être en effet d'origine soninké.

(5) Le rédacteur de la copie du texte arabe a orthographié *sâhal* (forme incorrecte d'ailleurs d'un mot signifiant « plaine »), alors que le nom du Sahel ou région limitrophe du Sahara et du Soudan est généralement orthographié *sâhil* (par un *h* fort), mot signifiant « littoral ». A Nioro, le mot *sahel* est employé couramment pour désigner le Nord.

(6) Ou Koumma ou Koumba.

Digna, étant devenu vieux et aveugle, dit un jour à l'aîné de ses fils (1), le nommé Téré Khiné : « Si tu me donnes une viande rôtie, lorsque je l'aurai mangée, je te donnerai le talisman des rois (2) et, grâce à lui, tu seras en état de commander aux hommes. » Lorsque Téré Khiné eut entendu cette parole de son père, il se dirigea vers la brousse pour aller à la chasse. Or le chef des magiciens, Karabara Diadiané, s'était trouvé présent à la porte de la chambre dans laquelle Digna avait parlé à Téré Khiné au sujet du pouvoir royal ; il était le compagnon habituel de Maghan Diâbé et avait de l'amitié pour lui, lui donnant à tout moment des aliments et d'autres cadeaux ; aussi, lorsqu'il eut entendu cette phrase prononcée par Digna, il en informa Maghan Diâbé et lui conseilla d'apporter de la viande à son père en le trompant par un stratagème et en profitant de ce que celui-ci, étant aveugle, ne distinguerait rien. Alors Maghan Diâbé s'empara d'un bélier, l'égorgea, le dépouilla et le fit rôtir ; puis il se revêtit de la peau de l'animal, afin de faire confondre à son père sa propre personne avec celle de Téré Khiné, lequel était très velu (3). Ensuite il apporta la viande du bélier, la déposa entre les mains de son père et salua ce dernier ; son père lui rendit le salut, puis le toucha avec sa main et dit : « O mon fils, ta voix est la voix de Diâbé, mais ton corps est le corps de Khiné ; après tout, vous êtes tous mes enfants. » Puis il mangea la viande et, lorsqu'il fut rassasié, il vomit les chaînes royales sur Diâbé, qui les avala (4) et sortit de chez son père.

---

(1) C'est-à-dire l'aîné des fils qu'il avait eus à Daraga, puisqu'il en avait eu deux auparavant à Diagha.

(2) C'est-à dire le talisman ayant la vertu de conférer le pouvoir royal.

(3) On retrouve ici le stratagème employé par Jacob pour enlever ses droits à son frère aîné Esaü.

(4) Il s'agit sans doute de quelque rite magique destiné à assurer

Quelque temps après, Téré Khiné arriva de la brousse avec une pièce de gibier rôtie et la déposa entre les mains de son père en le saluant, puis il lui dit : « O mon père, voici ce que tu m'as demandé, prends-le. » Digna mangea le gibier et dit : « O mon fils, tu as été devancé par ton frère Diâbé et il est parti avec la chose désirée (1). » Khiné dit : « Je le tuerai ! » Son père lui dit : « Ne le tue pas, car il est ton frère. » Khiné répondit : « Cela ne sera pas un obstacle. » Digna répartit : « Non, laisse-le; j'ai ici un autre talisman : c'est le talisman de la pluie; à partir d'aujourd'hui jusqu'à ce que nous soyons arrivés à la fin du monde, quiconque voudra faire tomber la pluie, même durant la saison sèche, obtiendra que Dieu fasse pleuvoir. » Et Digna donna ce talisman à Khiné, et la faculté de faire tomber la pluie est demeurée dans la descendance de Téré Khiné jusqu'à ses survivants actuels.

Par la suite, un devin dit à Diâbé : « O Diâbé, j'ai vu dans les présages que tu seras roi d'un grand royaume au pays du Ouagadou, dans une localité de ce pays appelée Koumbi (2) et située à l'Est du côté du Sahel. » Lorsque Diâbé eut entendu cela, il se mit en route avec quarante juments qui étaient des pouliches n'ayant pas encore enfanté. Ils quittèrent Daraga après la mort de Digna et poursuivirent leur voyage à travers le désert en se dirigeant vers l'Orient, jusqu'à ce qu'ils eussent atteint le pays des hyènes (3) : là résidait le chef des hyènes, qui

---

l'exercice du pouvoir royal ; j'ai traduit littéralement le texte arabe, lequel d'ailleurs est identiquement conforme en ce point au texte bamana que m'a communiqué M. Chartier.

(1) C'est-à-dire avec le talisman conférant le pouvoir royal.

(2) Ce Koumbi était situé au Nord-Est de Goumbou, chef-lieu actuel de la province du Ouagadou, sur la route conduisant de Goumbou vers Néma et Oualata.

(3) « Le lieu des chacals » dans le texte; d'après le pays où se passe l'histoire, il faut vraisemblablement traduire *dzidb* par

s'appelait Touroukhoullé Fâdiga. Diâbé s'approcha de lui et lui dit : « Toi qui as vécu longtemps, peux-tu me faire connaître où est l'endroit appelé Koumbi? » Le chef des hyènes répondit : « Oui, mais je suis vieux, mon corps est faible, et je ne peux pas t'y conduire pour le moment; mais l'endroit que tu viens de nommer est devant toi. » Diâbé poursuivit donc sa route à partir du pays des hyènes jusqu'à ce qu'il eût atteint le pays des vautours; là, il trouva un vautour avancé en âge, aveugle et débile; il le salua; le vautour lui rendit son salut et dit : « Qui est celui-ci qui s'avance vers ce lieu qu'il ne connaît pas? » Diâbé répondit : « Je suis Diâbé fils de Digna. — Que viens-tu chercher-ici? dit le vautour. — Le village de Koumbi, répondit Diâbé; sais-tu où il se trouve? — Oui, dit le vautour. — Alors, reprit Diâbé, ne me guideras-tu pas vers lui si je t'offre une récompense? — Mon corps, dit le vautour, est vieux et débile et je n'ai plus de plumes pour voler; s'il n'en était pas ainsi, je t'aurais certainement guidé vers ce village. » Diâbé lui dit : « Existe-t-il un remède qui pourrait assurer ton rétablissement? — Oui, répondit le vautour. — Quel est-il? demanda Diâbé. — Un foie de jument quarante jours de suite », dit le vautour. Lorsque Diâbé eut entendu cela, il ordonna à ses gens de faire halte; ils campèrent en cet endroit et, chaque jour, Diâbé égorgea une jument et retira son foie pour le donner à manger au vautour, jusqu'à ce que le troupeau fût épuisé. Le vautour redevint jeune, ses plumes repoussèrent, il put de nouveau voler; alors il dit à Diâbé : « Je suis prêt à aller à l'endroit dont il a été question. » Ils partirent donc, poursuivant leur voyage nuit et jour jusqu'à ce qu'ils fussent arrivés à l'endroit voulu.

« hyènes » : le texte bammana du reste porte *souroukou*, qui signifie « hyène ».

Alors le vautour se posa sur le sommet d'un grand arbre; Diâbé fit halte ainsi que ses gens à l'ombre de cet arbre et le vautour dit à Diâbé : « Voici le lieu appelé Koumbi. » Diâbé ordonna à ses gens de couper l'arbre et ils le coupèrent; lorsque l'arbre s'abattit, le python qui a été cité parmi les enfants de Digna apparut dans un grand puits situé sous l'arbre, et des branches de l'arbre tomba un grand tambour qui jouait tout seul; et voici qu'apparurent des hommes arrivant de tous les côtés, notables et autres, qui, une fois réunis, étaient au nombre de 9.999, montés sur des chevaux bais, soit, en langue étrangère (1), *oudiouné kabi ado kamou kabi do tan-kabé do dyiba-sitârou kabou*. Parmi eux étaient quatre chefs : le premier était Ouagané Sakho, ancêtre des Soninké connus sous le nom de Sakho; le deuxième était Diaméra Sokhona (2), ancêtre des Soninké connus sous le nom de Diagouraga; le troisième était Makha Doumbé Silla (3), ancêtre des Soninké connus sous le nom de Silla, et le quatrième était Goumaté Fadé, ancêtre du clan des Yaressi (4). Lorsqu'ils furent tous assemblés, ils se disputèrent à qui prendrait le commandement, chacun d'eux disant : « Je veux le commandement pour moi à l'exclusion de tout autre. » Et ils se querellèrent à ce sujet, jusqu'à ce que l'un d'entre eux, doué de discernement, s'écriât : « Tirons donc au sort qui sera notre chef! » Tous lui dirent : « Nous acceptons le sort que tu proposeras. » Il dit alors : « Que chacun des anciens mette son

---

(1) Il s'agit ici, sans contestation possible, de la langue soninké; les mots cités par l'auteur appartiennent à cet idiome et signifient littéralement « milliers neuf et centaines neuf et dizaines-neuf et cavaliers-de-chevaux-bais neuf ».

(2) Ou Soghona.

(3) *Makha, Makhan, Magha* et *Maghan* sont quatre variantes du même nom.

(4) Ou Niaressi, ou Diaressi, ou Diarisso.

bras dans le trou du tambour et que celui dont le bras adhérera à la paroi (1) soit notre roi. » Chacun d'eux s'approcha du tambour, enfonça son bras dans le trou et le retira, sans que le bras d'aucun se trouvât adhérer à la paroi, à l'exception du bras de Diâbé, qui adhéra au tambour comme la proie adhère au piège qui l'a saisie. Tous dirent alors : « Il nous plaît que tu règnes sur nous, ô Maghan Diâbé ! » Et tous le reconnurent pour chef. Après cela, les gens vinrent se réunir ensemble, formant une multitude innombrable.

Alors le python dit : « O Diâbé, me reconnais-tu ? — Non, répondit Diâbé ! — Je suis, reprit le serpent, l'un des enfants de Digna ; lorsque j'eus grandi, je me suis enfui d'au milieu de vous et suis venu ici ; maintenant, vous êtes venus ici auprès de moi : il n'est pas possible que vous résidiez avec moi, parce que les gens de votre famille auraient peur de moi ; à moins pourtant que tu t'engages à me livrer chaque année cent jolies femmes, moyennant quoi je resterai dans mon puits et personne ne me verra. » Diâbé répondit : « Je ne puis accepter cela. » Et ils continuèrent à s'entretenir ensemble tous les deux jusqu'à ce qu'il fût convenu entre eux qu'on donnerait au serpent, à chaque fête des sacrifices (2), une femme unique, mais supérieure à ses contemporaines ; si l'on agissait ainsi vis-à-vis du serpent, il tomberait du ciel sur leur pays une pluie d'or chaque année durant vingt jours entiers, pendant lesquels chacun pourrait ramasser autant

(1) C'est-à-dire celui dont le bras se trouvera être de la même grosseur que le calibre du tambour ; il s'agit d'un tambour long, formé d'un tronc d'arbre creusé et garni d'une peau à l'un de ses bouts seulement.

(2) Fête de la religion locale qui, depuis l'introduction de l'islamisme, coïncide avec la fête musulmane célébrée le 10 du mois de *dzou'l-hidja*.

de poudre d'or que le lui permettrait son activité.

La tribu de Diâbé se multiplia et elle continua d'exécuter chaque année l'engagement pris envers le python. Ses troupeaux s'accrurent, ainsi que ses ressources vivrières et son bien-être général, tellement que personne n'avait à implorer l'assistance de personne. Lorsque leur situation fut devenue prospère, ils partagèrent les territoires entre les grands chefs (1) : Ouagané Sakho s'installa à Diara (2) et commanda le pays s'étendant de ce point dans la direction du Khéniârémé (3) ; Diaméra Sokhona s'installe dans le village de Séga (4), du côté du Massina, son autorité s'étendant de ce point jusqu'à Guesséné, du côté du Bâkhounou (5) ; Makha Doumbé Silla s'installa à Kamatingué (6), près de Gouba et Yâféra (7) et du côté du Kaarta ; enfin Goumaté Fadé (8) s'installa au village de Fallou (9), du côté du Bérédougou (10). Ils convinrent entre eux de se rendre à Koumbi à chaque fête des sacrifices et ils demeurèrent fidèles à cet engagement jusqu'à la mort de Diâbé.

---

(1) Littéralement « entre les ministres ».

(2) Ancien chef-lieu du Kinguí, près et au Nord-Est de Nioro.

(3) Province située à l'Ouest de Nioro.

(4) Ou Tyéga, probablement Ségala.

(5) Ségala et Guesséné sont situés aux deux extrémités de la province du Kaniaga de Sosso, Ségala à mi-chemin entre Goumbou et Sansanding et Guesséné près et au Sud-Ouest de Sosso et à mi-chemin entre Goumbou et Koulikoro ; le Bâkhounou (ou Bakounou), qui s'étend entre Nioro et Goumbou, se trouve à l'Ouest-Nord-Ouest par rapport à Ségala et Guesséné, tandis que le Massina est à l'Est-Nord-Est des mêmes points. Il existe un autre Guesséné à l'Ouest du Bakounou, à la limite de cette province et du Kingui, sur la route de Goumbou à Nioro.

(6) A l'Est et près de Nioro, sur la route de Goumbou à Nioro.

(7) Ou Diaféra, ou Niaféra ; Gouba et Yâféra sont deux villages situés au Sud-Est de Nioro.

(8) Le texte porte ici « Goumané ».

(9) Au Sud-Ouest de Goumbou.

(10) Plus communément Bélédougou.

A celui-ci succéda son frère Maghan Tâné, et les choses continuèrent de même jusqu'à la mort de ce dernier, qui fut remplacé sur le trône par Maghan Tâné Fankanté ; à la mort de celui-ci, Maghan Mâmadi fut désigné de même comme son successeur et, lorsqu'il mourut, il eut comme successeur Maghan Kaya (1). C'est sous le règne de ce dernier qu'eut lieu la ruine du Ouagadou.

Le motif de la dévastation du royaume fut le suivant : il y avait un homme appelé Mâmadi Séfé-Dokhoté (2), qu'on avait surnommé ainsi à cause du petit nombre de ses paroles, car il ne parlait pas deux fois dans la même année ; il résidait du côté du Gadiaga (3), dans le village de Dougou-kouré (4) ; c'était un magicien. Etant parti de son pays, il vint trouver Maghan (5) à Koumbi et le reconnut pour suzerain ; Maghan lui assigna comme résidence, c'est-à-dire comme demeure, Diara, auprès de Ouagané Sakho, parce que ce Mâmadi était parent avec Ouagané, ayant comme nom de clan Sakho-Bîbâ (6). Mâmadi s'installa donc à Diara. Or, il y avait dans le village de Diara une femme surpassant en beauté toutes celles de son âge ; elle se nommait Siya Yatabaré. Mâmadi Séfé-Dokhoté devint l'amant de Siya. Arriva un moment où ce fut le tour de Siya d'être livrée au python ; car, lorsqu'il fut manifeste qu'elle n'avait pas de rivale au point de vue de la beauté sur le territoire du Ouagadou, on tomba d'accord sur la nécessité de la livrer au serpent le jour de la fête. Quand arriva le temps d'accomplir la promesse faite au python, on conduisit Siya à ce dernier dans la province

---

(1) Ici le texte arabe porte nettement *Koya* ou *Kouya*.
(2) En soninké « parole petite » ou « parle peu ».
(3) Le Gadiaga est la région de Bakel et du Guidimakha.
(4) En soninké « village nouveau ».
(5) Il s'agit évidemment de Maghan-Kaya.
(6) Sans doute une fraction du clan des Sakho.

de Koumbi ; Mâmadi prit alors ses dispositions pour tuer le python par traîtrise, et il aiguisa son sabre à l'insu de tous. Tout le monde s'était rendu à Koumbi ; lorsqu'on fut arrivé là, on se prépara à livrer Siya au python pour le jour de la fête et on l'amena auprès de l'orifice du puits dans lequel se tenait le serpent. Or c'était l'habitude du python, quand on lui amenait une jeune fille, de sortir la tête trois fois en manière de jeu et ensuite de saisir la jeune fille prestement et de descendre avec elle jusqu'au fond du puits. Comme le python, ayant ainsi sorti sa tête deux fois, la sortait une troisième fois et se préparait à saisir Siya, Mâmadi tira son sabre et trancha la tête du python ; mais le python ne cessait de sortir une tête après une autre et Mâmadi de les trancher (1), jusqu'à ce qu'on fût arrivé au chiffre de sept têtes. Quand la septième tête eut été tranchée, elle s'envola en disant : « O Mâmadi, le Ouagadou est ruiné : vous allez avoir une période de sept ans pendant laquelle il ne tombera pas une goutte d'eau sur le territoire du Ouagadou, et il cessera d'y pleuvoir de l'or. » Puis la tête s'éloigna et alla tomber dans la province du Bouré (2), et c'est pour cela que l'or abonde au Bouré plus que dans la plupart des pays, selon le dire des conteurs.

Après cet événement, la disette régna durant sept ans, tellement que les hommes se mangèrent entre eux et que tous les survivants se dispersèrent. (Mais auparavant, après que Mâmadi eut coupé la tête du serpent, il était monté sur son cheval le plus rapide et s'était enfui ; aucun de

(1) C'est-à-dire qu'une nouvelle tête apparaissait après chaque coup de sabre pour être tranchée à son tour par Mâmadi et remplacée aussitôt par une autre, soit que le serpent eût sept têtes — ce que l'auteur ne nous a pas dit — soit que sa tête unique eût la faculté de renaître sept fois.

(2) Au Sud du Manding, près et au Nord de Siguiri.

ses poursuivants ne l'atteignit, à l'exception du cheval de Ouagané Sakho ; mais ce dernier ne le tua pas, à cause de leurs liens de parenté.) Parmi les gens du Ouagadou, certains sont allés du côté du Sahel (1), d'autres du côté du Mandé (2), d'autres du côté de l'Est et d'autres du côté de l'Ouest (3).

Tel est le récit qui nous est parvenu, concernant l'histoire du Ouagadou, de la bouche des vieillards et des gens bien disants. Fin.

---

(1) C'est-à-dire au Nord.

(2) Le Mandé ou Manding se trouve au Sud et au Sud-Ouest de Bamako, c'est-à-dire au Sud par rapport au Ouagadou.

(3) La fondation du royaume du Ouagadou par Diâbé Sissé avait eu lieu sans doute vers l'an 750 de notre ère ; la dispersion de ses habitants se produisit vraisemblablement vers l'an 790. Leur dernier roi, Maghan Kaya — ou Kaya Maga, comme il est appelé par les Peuls et par l'auteur du *Tarikh-es-Soudân*, lequel était en partie d'origine peule par l'arrière-grand'mère de son père, — se dirigea dans la région de Oualata et s'empara du pouvoir sur les princes de race blanche et d'origine inconnue qui régnaient depuis cinq cents ans environ à Ghana et que j'ai cru pouvoir rattacher au groupe ethnique dont sont sortis les Peuls ; il établit à Ghana les bases d'un empire soninké qui dura jusqu'au début du XIIIe siècle, le pouvoir se conservant aux mains des descendants de Kaya, c'est-à-dire dans le clan des Sissé, malgré des luttes avec les Berbères dont certaines se terminèrent à l'avantage des Soninké et d'autres à leur désavantage, notamment lors de la prise et du sac de Ghana en 1076 par les Almoravides. La domination des Sissé prit fin en 1203, à la suite de la prise de Ghana par Soumangourou, empereur de Sosso dans le Kaniaga, qui appartenait à un autre clan soninké, celui des Kanté, et dont il sera question dans le récit suivant ; Soumangourou lui-même fut vaincu, une trentaine d'années plus tard, en 1235, par l'empereur mandingue Soundiata Keïta, qui détruisit Ghana en 1240. L'auteur du manuscrit arabe est muet sur cet empire de Ghana, comme sur ceux de Gao et de Tekrour, sur le royaume peul du Massina et le pachalik marocain de Tombouctou ; il ne parle qu'incidemment de l'empire du Mandé ou de Mali et seulement à propos de sa lutte avec celui de Sosso : il est visible qu'il s'est borné aux États ayant englobé Nioro et Goumbou dans leur territoire propre ou ayant eu des relations directes avec ces deux points et, d'une manière générale, avec les provinces formant ce que nous appelons aujourd'hui les « cercles du Sahel » (Nioro, Goumbou et Sokolo).

II

HISTOIRE DE LA LUTTE ENTRE LES EMPIRES DE SOSSO ET DU MANDÉ (XIIIe SIÈCLE)

Histoire du royaume du Mandé (1). — L'occasion de ce récit vient de ce que nous avons entendu de la bouche des gens bien disants. On raconte que c'est une famille de *souba* (2) qui a fourni les rois du pays du Mandé, famille connue sous le nom de Keïta et dont l'ancêtre fut Allakoï Mousssa Dyigui. Ce dernier appartenait à la descendance de Bilali fils de Hamâma (3). Il arrivait de la direction du Hidjaz (4), lorsque le destin arrêta ses pas dans le pays du Mandé, où il s'établit. Il se rendit quelquefois à La Mecque dans le but d'accomplir le pèlerinage et visita ainsi quatre

---

(1) Le mot *Mandé* est prononcé généralement *Manden* ou *Manding* ou encore *Manen* ou *Maning* par les gens de langue mandingue et *Mali* ou *Malli* par les gens de langue peule, d'où les deux noms de « Mandingues » (pour *Mandenga*) et de *Malinké* que nous donnons aux habitants du Mandé. De tout temps ce mot a servi à désigner le pays que nos cartes appellent encore « Manding » entre le Haut-Niger et la ligne de partage des eaux du Bakhoy et du Bafing. De plus, le même mot a servi souvent d'appellation à la capitale de l'empire dont le berceau fut le Mandé propre, capitale qui fut d'abord située dans le Mandé lui-même — vraisemblablement à Kangaba, — puis fut transportée au Nord du Mandé près de Niamina en une ville appelée Mali ou Malli par les auteurs arabes selon la prononciation peule, mais dont le vrai nom semble avoir été Niani.

(2) C'est-à-dire de jeteurs de sorts, de sorciers ; le mot *souba* appartient à la langue dite mandé ou mandingue (dialecte bamana) ; le même mot devient *soubaga* ou *soubarha* dans les dialectes malinké et dioula.

(3) Bilali fils de Hamâma était un esclave nègre de Mahomet ; ce fut lui le premier muezzin.

(4) C'est-à-dire de l'Est. D'après d'autres traditions, Allakoï serait né au Mandé, où il aurait été précédé par une longue lignée de souverains dont le premier converti à l'islamisme (vers 1050) se serait appelé Baramendana, selon Ibn Khaldoun.

fois les lieux saints (1). Il lui naquit un fils dans le pays du Mandé, fils appelé Nâré-Famaghan (2). Celui-ci engendra douze enfants mâles, tous nés de la même mère, à l'exception de Soundiata qui naquit d'une autre mère. Voici les noms des enfants de Nâré-Famaghan : Kononiogho Simba Keïta, Kabali Simba Keïta, Mâré Taniakélé Keïta, Noutouyé Mâré Yérességué Keïta, Sossotourou Lakandia Keïta, Mossokoro Keïta, Mosso Kandaké Keïta, Mansa Maghamba Keïta, Finadougou Komaghan Keïta, Gâgha Bougari Keïta, Kalabamba Diokountou Keïta, et Soundiata Keïta qui était le plus jeune de tous.

Nâré-Famaghan fut roi du pays du Mandé. Lorsqu'il mourut, il fut remplacé par l'aîné de ses fils. Or, au moment où ce dernier remplaçait son père sur le trône du Mandé, il y avait dans le voisinage un roi nommé Soumangourou, qui est l'ancêtre des Soninké connus sous le nom de Kannté ; il leva une armée pour tomber sur le Mandé, mit en déroute les habitants de ce pays, tua le roi précité Kononiogho Simba et retourna dans sa ville. Le roi défunt fut remplacé par son frère, qui fut lui aussi défait et tué par Soumangourou. Et, par la suite, Soumangourou ne cessa pas de tuer les rois du Mandé l'un après l'autre, jusqu'à ce qu'il les eût tués tous à l'exception de leur cadet susnommé Soundiata, et sa domination s'étendit sur le pays du Mandé.

Or, ce Soundiata était atteint de paralysie et, pendant sept ans, il ne put se lever. Au bout de

---

(1) Makrizi nous a conservé le souvenir de l'un de ces pèlerinages, accompli en l'an 1213 ; il donne à Allakoï le nom de Serbendana et l'appelle « le premier roi du Tekrour », faisant de ce dernier mot, comme beaucoup d'auteurs arabes, une sorte de synonyme de Soudan.

(2) Nâré Famaghan régna de 1218 à 1230 environ. Son nom est écrit *Famakhan* dans le texte arabe, où la lettre *kh* est fréquemment employée, selon le mode des Soninké et des Khassonké, à où les Malinké emploient *gh* ou *k*.

cette période, Soumangourou s'avança vers le pays du Mandé avec une armée et vint camper dans le village de Soundiata (1), qui était encore paralysé ; Soumangourou dit : « Je suis venu t'apporter mes condoléances au sujet des enfants de Nàré Famaghan que j'ai tués. » Lorsque Soundiata eut entendu ce propos, il dit : « Apportez-moi une barre de fer pour que je me soulève avec son aide. » Les forgerons réunirent une grande quantité de fer et la transformèrent en une forte barre qu'on donna à Soundiata ; mais, lorsqu'il voulut se soulever à l'aide de cette barre de fer, celle-ci se courba et fut sur le point de se briser, et Soundiata se rassit. Alors les forgerons en firent une autre plus forte que la première, mais elle se comporta comme la première lorsque Soundiata voulut s'en servir pour se soulever. Une troisième eut le même sort. Alors un homme doué d'intelligence, nommé Kékotondi, s'écria : « Donnez-lui donc le sceptre de son père, pour qu'il se soulève avec son aide ! » On l'apporta et on le donna à Soundiata, qui se mit debout en s'appuyant dessus. En le voyant se mettre debout à l'aide de ce sceptre, les gens du Mandé connurent avec certitude qu'il détiendrait l'autorité royale de son père sur le pays du Mandé et peut-être sur d'autres pays encore.

Ensuite Soundiata se rendit auprès de Soumangourou, lui présenta ses vœux et le remercia de ses condoléances. Après quoi, Soumangourou retourna dans son royaume et l'affaire demeura en cet état jusqu'à ce que Soundiata eût pris de l'âge. A ce moment, les gens du Mandé le redoutèrent et voulurent user de ruse pour le tuer par traîtrise. Lorsqu'il connut ce dessein, Soundiata s'enfuit du territoire du Mandé pour aller du côté

(1) C'est-à-dire, vraisemblablement, à Kangaba, sur la rive gauche du Niger, à mi-chemin à peu près entre Bamako et Siguiri.

du Sud dans la province du Sangaran (1), qui était le pays de ses oncles maternels ; il descendit chez le roi de cette province, qu'on appelait Sangaran Danguinia Konnté (2). Lorsque son séjour chez le roi du Sangaran eut été de quelque durée, celui-ci l'interrogea sur ses intentions. Soundiata répondit : « Je suis venu chez vous pour vous demander une armée, afin de marcher contre Soumangourou. » Et les gens du Sangaran lui donnèrent une armée.

Ensuite Soundiata se rendit à Kirina, du côté du Sud (3), et descendit chez le chef du pays, le nommé Tara Maghan Taraoré ou Dambélé (4), ancêtre du clan bambara connu sous les noms de Taraoré ou Dambélé ; il demanda une armée aux gens de Kirina, qui lui en fournirent une. Ensuite il passa dans la province de Kéniétou (5) et descendit chez le chef de cette province, le nommé Soura Moussa, ancêtre du clan bambara appelé Sissoko. Ensuite il passa au village de Labé (6) et descendit chez le chef de ce village, le nommé

---

(1) Le Sangaran est une vaste province peuplée de Malinké et comprise d'une façon générale entre Siguiri, Kouroussa et Dinguiray, c'est-à-dire entre le Niger et le Tinkisso, au Sud du Mandé propre et du Bouré.

(2) C'est-à-dire « Danguinia Konnté du Sangaran ».

(3) S'il faut entendre que Soundiata se dirigea vers le Sud en partant du Sangaran, il conviendrait de placer ce Kirina du côté de Faraua ou de Kankan ; mais si l'on entend ici le Sud par rapport au pays de l'auteur, c'est-à-dire par rapport à la partie du Soudan voisine du Sahara, on peut identifier ce Kirina avec celui dont il sera question plus loin et qui se trouve situé près et au Nord de Koulikoro ; dans ce cas, l'emploi des mots « du côté du Sud » se trouverait justifié par le fait qu'il existe un Kirina au Nord de Goumbou.

(4) On considère en effet les noms de Taraoré et de Dambélé (ou Dembélé) comme synonymes et les clans qui portent ces noms comme équivalents.

(5) Il s'agit soit de Kéniétou ou Kénienko, sur la rive droite du Niger en aval de Koulikoro, soit de Ténétou, près Bougouni, dont le nom se prononce aussi Téniétou et Kéniétou.

(6) Dans le Fouta-Diallon, au Nord de Timbo.

Tâbo, ancêtre du clan bambara (1) connu sous le nom de Dâbo, et il demanda aux habitants une armée qu'ils lui fournirent.

Lorsque ces armées se trouvèrent réunies en vue d'une guerre contre Soumangourou, les guerriers ne s'entendirent pas pour la désignation de celui qui serait le chef de l'expédition et en vinrent à se quereller. Or, il y avait là un vieillard très âgé et doué de discernement qui leur dit : « Faites fondre du plomb ; celui qui pourra plonger sa main dedans sera chef de l'expédition. » On fit donc ainsi, mais aucun ne fut capable de plonger sa main dans le plomb fondu, excepté Soundiata, qui plongea sa main dedans sans éprouver aucun mal. Tous alors consentirent à ce que Soundiata fût chef de l'expédition.

Puis ils se dirigèrent tous vers le pays du Mandé et ils arrivèrent à un endroit du chemin où ils trouvèrent un vieillard avancé en âge, qui se tenait dans une forêt et qui dit à Soundiata : « Si tu me débrousses un champ (2), je te remettrai le talisman de la royauté (3). » Soundiata dit : « Entendu ! » et il fit faire halte à ses guerriers, qui se préparèrent à abattre les arbres. Mais, après qu'ils eurent travaillé toute la journée à abattre les arbres et avant que le jour fût levé, tous les arbres redevinrent comme ils étaient auparavant (4). Ils s'étonnèrent de cela et en infor-

(1) L'expression « bambara » s'applique à plusieurs populations non-musulmanes ; ici elle concerne les Diallonké ou autochtones du Fouta-Diallon.

(2) Littéralement « si tu me coupes un terrain de culture », c'est-à-dire « si tu coupes les arbres de façon à ce que je puisse utiliser le terrain pour la culture ».

(3) C'est-à-dire un talisman qui fera de toi un vrai roi.

(4) C'est-à-dire que les arbres qui avaient été abattus durant la journée furent retrouvés debout lorsque le jour se leva. Il y a là sans doute une allusion symbolique aux premiers essais agricoles tentés par des populations de chasseurs et de guerriers ; elles se contentaient de couper les arbres, les souches reverdissaient et la forêt se reformait. Peu à peu, les hommes apprirent à détruire la

mèrent le vieillard. Celui-ci remit à Soundiata une poudre magique (1) pour qu'il en aspergeât les arbres ; lorsqu'il en eut aspergé les arbres, ceux-ci se desséchèrent tous et les gens les abattirent ensuite. Quand le travail fut fini, Soundiata dit au vieillard : « Le travail est terminé ; hâte-toi donc de me donner ce que tu m'as promis. » Le vieillard lui remit des graines de coton (2), des œufs de poule, des arachides et des papayes (3) et il lui dit : « Si tu introduis ces choses — que l'on vient de mentionner — dans le territoire du Mandé, elles s'y multiplieront de telle sorte que les gens diront que rien n'abonde plus que ces choses dans le pays du Mandé. »

Ensuite ils poursuivirent leur voyage jusqu'à ce qu'ils fussent arrivés dans la ville de Mandé (4); Soundiata descendit dans l'habitation de son père avec son armée. Alors, Soumangourou se rendit en personne auprès de Soundiata pour le saluer et lui offrir ses vœux et il lui dit : « Prends garde à toi, afin qu'il ne t'arrive pas ce

---

sève des arbres en brûlant les troncs et purent ainsi mettre réellement le pays en valeur. Ce sont ces enseignements agricoles qui, dans la présente légende historique, constituent le « talisman de la royauté ».

(1) Le texte porte simplement « un talisman pour en asperger les arbres » ; ce talisman était évidemment sous forme de poudre ou, moins vraisemblablement, de liquide.

(2) Le texte arabe porte *bizr el-kattân* « des graines de lin », mais le lin n'existe pas au Soudan — à ma connaissance du moins — et le texte banmana porte *kori-kolo* « des graines de coton ». On peut supposer que l'auteur du texte arabe, ignorant le nom arabe du coton, s'est servi de celui d'une autre plante textile, ou bien qu'une confusion s'est faite dans sa mémoire entre les mots *kattân* « lin » et *koutoun* (plur. *aktân*, par *k* et *t* emphatiques) « coton ».

(3) Le texte arabe porte *el-fodjol wa-t-toffâh*, c'est-à-dire « des radis et des pommes », tandis que le texte banmana porte *tiga ni mandédyé*, soit « arachides et papayes » : ici, il est évident que l'auteur du texte arabe a traduit par les noms de produits similaires des mots dont il ignorait les correspondants en arabe.

(4) Ou « dans la ville du Mandé » ; dans l'une et l'autre interprétation, il s'agit de la ville qui était alors la capitale du royaume, c'est-à-dire de Kangaba.

qui est arrivé à tes frères, que j'ai tués parce qu'ils avaient refusé de reconnaître mon autorité; car, si tu agis comme ils ont agi, je te tuerai comme je les ai tués; mais je suis venu t'avertir, parce que la chose me répugnerait. » Puis Soumangourou retourna dans son pays et s'arrêta dans la ville appelée Sosso (1).

Lorsque Soumangourou fut retourné chez lui, une sœur de Soundiata nommée Dyigui Maniamba Souko se rendit à Sosso, descendit chez Soumangourou, se présenta à lui et lui inspira un violent caprice. Soumangourou désira l'épouser, mais sa mère l'en dissuada et lui dit : « O mon fils, n'épouse pas cette femme, de peur qu'elle ne triomphe de toi par ruse ; je la crois perfide. » Il répartit : « O ma mère, elle n'est certainement pas venue à moi pour ruiner mon autorité sur tous les pays. » Et, refusant de se conformer aux paroles de sa mère, il l'épousa. Lorsqu'il fut entré avec elle dans sa chambre, il posa la main sur elle, mais elle se refusa à lui; et, une seconde fois, puis une troisième, elle se refusa ainsi à lui. Alors il lui demanda : « Quel est le motif de ta résistance? » Elle lui dit : « Je ne satisferai ton désir que si tu me fais connaître les particularités qui te concernent touchant ce qui peut te faire

---

(1) Cette ville de Sosso, qui existe encore, est située dans le Kaniaga, au Nord du Bélédougou, à peu de distance à l'Est du méridien de Koulikoro. Elle fut, de 1076 environ à 1235, la capitale d'un empire dont les souverains appartinrent d'abord au clan soninké des Diarisso (1076 à 1180) et ensuite au clan également soninké des Kannté (1180 à 1235). Soumangourou, qui monta sur le trône vers l'an 1200, était le second prince de cette deuxième dynastie, qui finit avec lui. Il s'était emparé de Ghana en 1203, selon le témoignage d'Ibn-Khaldoun, qui met ce fait d'armes au compte des « gens de Sosso ». C'est par suite d'une interprétation hâtive et peu raisonnée de cette expression qu'on a longtemps attribué la prise de Ghana aux Sosso ou Soussou, population autochtone du Fouta-Diallon, actuellement répandue dans la Basse-Guinée Française et qui, très probablement, n'a pris aucune part aux grandes guerres qui bouleversèrent le Soudan au moyen âge.

du mal, afin que je m'en abstienne, et ce qui peut te faire du bien, afin que je te le procure. » Soumangourou lui dit : « Rien au monde ne peut me faire du mal si ce n'est un éperon de coq blanc ; c'est là mon tabou (1) : si quelqu'un en lançait un sur moi, je mourrais immédiatement. » Lorsqu'elle eut entendu cela de lui, elle se plia à ses exigences et ils arrivèrent à bien faire les choses ensemble ; quand il eut satisfait son désir sur elle, il s'endormit. Une fois qu'il fut endormi, la femme se leva, sortit de la chambre, vint auprès du portier et le paya cent *mitsqal* (2) pour qu'il lui ouvrît la porte (3). Il l'ouvrit. Alors elle s'empara du cheval de Soumangourou ; c'était un cheval rapide à la course, qui n'avait pas son égal en vitesse dans le royaume de Soumangourou. Elle monta dessus, s'éloigna sur lui et le dirigea du côté du Mandé, jusqu'à ce qu'elle fût arrivée chez son frère Soundiata, roi du Mandé. Alors elle raconta à celui-ci toute l'histoire, depuis le commencement de l'affaire jusqu'à la fin.

Soundiata ordonna de chercher un coq blanc dans le pays du Mandé. On en trouva un chez un homme nommé Finamaghan Silamakan, ancêtre du clan bambara connu sous le nom de Kamara. Soundiata lui dit : « Je remets son sort entre tes mains (4), ô Finamaghan Silamakan. » Celui-ci égorgea le coq, arracha son éperon, en fit une flèche et confia celle-ci à un homme qui était l'un des commandants de compagnie de Soundiata,

(1) *Choum* dans le texte arabe, *téné* dans le texte banmana ; il s'agit d'un objet qu'on ne peut toucher sans mourir.

(2) Le *mitsqal* est un poids d'or équivalant à peu près à 5 grammes.

(3) Sans doute la porte de l'habitation royale et non celle de la chambre, que Dyigui Maniamba avait franchie déjà, ni celle de la ville, qu'elle n'avait pas franchie encore.

(4) Il s'agit, soit du sort du coq, soit de celui de Soumangourou dont décidera l'emploi de l'éperon de coq.

le nommé Sangaran Danguinia Konnté (1), à cause de l'amitié ancienne qui existait entre eux deux antérieurement à ces événements. Après cela, Soundiata remit à Finamaghan Silamakan une grande quantité de biens consistant en animaux, en esclaves et en autres choses encore, puis il revint dans sa ville.

Cependant, au bout d'un certain temps, les devins dirent à Soumangourou : « Si tu ne tues pas le fils de ta sœur en manière de sacrifice propitiatoire, Soundiata te fera mourir. » Il s'empara donc du fils de sa sœur, qui était fils unique et n'avait pas de frère ; il le tua et l'offrit en sacrifice au nom de son armée (2). Lorsque sa sœur se fut aperçue de ce qu'il avait fait de son fils, elle se mit en colère, s'enfuit d'auprès de lui pour aller dans le pays du Mandé et fit connaître à Soundiata que ce qui devait porter malheur à son frère était un éperon de coq blanc, comme avait dit la sœur de Soundiata. Lorsque ce dernier eut appris cela de la sœur de Soumangourou, il fut convaincu de la véracité de la chose.

Alors il rassembla une troupe nombreuse qui comptait douze chefs en fait de commandants de compagnie et il se prépara à partir en personne pour aller porter la guerre dans la province de Sosso.

Comme Soundiata et son armée s'avançaient à la rencontre de Soumangourou, celui-ci apprit que Soundiata marchait contre lui avec son armée et il fit lui-même ses préparatifs de combat, rassembla une troupe considérable et s'avança avec elle à la rencontre de Soundiata. Ils

---

(1) Le même dont on a parlé précédemment et qui était chef du Sangaran.

(2) Littéralement « il en fit le sacrifice (*çadaqa*) de son armée ».

se rencontrèrent en un lieu appelé Kirina (1). Lorsque les yeux de Soundiata tombèrent sur l'armée de Soumangourou, il crut que c'était un nuage et dit : « Quel est ce nuage du côté de l'Orient (2)? » On lui dit : « C'est l'armée de Soumangourou. » Quant à Soumangourou, quand il aperçut l'armée de Soundiata, il dit : « Quelle est cette montagne de pierre (3)? » Car, dans sa pensée, c'était une montagne. On lui dit : « C'est l'armée de Soundiata, qui est à l'Ouest de nous. » Enfin les deux troupes prirent contact et un combat meurtrier s'engagea entre elles ; au plus fort de la bataille, Soundiata lança un grand cri à la face des guerriers de Soumangourou et aussitôt tous ceux-ci coururent se mettre derrière Soumangourou ; ce dernier à son tour lança un grand cri à la face des guerriers de Soundiata, qui tous coururent se mettre derrière celui-ci. Il arrivait d'habitude, quand Soumangourou criait, que huit têtes se dressaient au-dessus de sa propre tête.

Lorsqu'ils eurent fait ainsi, Soundiata dit à Sangaran Danguinia Konnté : « Est-ce que tu as oublié le tabou? » Quand Sangaran Danguinia eut entendu la parole de Soundiata, il s'avança jusqu'à ce qu'il fût arrivé sur le front de l'armée, s'arrêta, saisit la flèche armée d'un éperon de coq blanc et la lança sur Soumangourou.

---

(1) Un peu au delà de Koulikoro sur la route de Koulikoro à Niamina.

(2) Ceci nous indique que Soundiata, en partant de Kangaba, avait descendu la rive gauche du Niger, tandis que Soumangourou, venant de Sosso, avait descendu la rive droite du marigot de Niamina jusqu'en ce dernier point, puis avait remonté la rive gauche du Niger : par suite, son armée se trouvait, aux environs de Kirina, à l'Est ou à l'Est-Nord-Est de celle de Soundiata.

(3) Littéralement « quelle est cette pierre ? » Ainsi qu'il est d'usage au Soudan, l'auteur emploie le mot « pierre » comme synonyme de « montagne ».

Dès qu'elle fut tombée sur lui, il (1) dit : « Cette flèche est la flèche de celui qui connaît les secrets anciens », en langue étrangère *dougouré binié* (2). Pendant qu'il parlait ainsi (3), l'apparence de Soumangourou s'évanouit et ceux qui regardaient ne le virent plus. Or, il avait un gros bracelet d'argent au poignet de son bras et ce bracelet tomba en cet endroit (c'est-à-dire à Kirina) (4) ; un baobab (5) poussa en son milieu et, jusqu'à maintenant, cette marque (6) a subsisté sur l'emplacement de Kirina.

Parmi les choses merveilleuses que l'on raconte au sujet de la flèche, et Dieu sait mieux que personne ce qui en est, on dit que, quand la flèche fut tombée sur Soumangourou, elle pénétra dans son corps, puis passa par la localité appelée Soro, ensuite par la localité appelée Sorokoto, ensuite par la localité appelée Kéniétou, ensuite par la localité appelée Morolanga et ensuite par le village de Ségala, où elle tomba (7).

Quant à Soundiata, il vainquit l'armée de Sou-

---

(1) Le texte ne permet pas de préciser si les paroles qui suivent furent prononcées par Sangaran-Danguinia, par Soundiata ou par Soumangourou.

(2) Ces mots appartiennent au dialecte malinké et signifient « la flèche de la chose cachée » ou « la flèche du secret ».

(3) Littéralement « dans l'intervalle de cela ».

(4) Ces mots sont ajoutés en marge dans le manuscrit.

(5) Littéralement « un arbre des fantômes » ; c'est le surnom donné au baobab par les Maures.

(6) C'est-à-dire le baobab marquant l'endroit où le fait s'est passé ; on montre en effet encore, sur l'emplacement de Kirina, un baobab portant au niveau du sol un étranglement remarquable que l'on attribue au fait qu'il a été, dans son jeune âge, encerclé par le bracelet de Soumangourou.

(7) Sans doute ce voyage en ricochets de la flèche meurtrière est-il le symbole de l'expédition victorieuse de Soundiata à travers les domaines de Soumangourou. J'ignore où il faut placer Soro, Sorokoto (« Soro-le-Vieux » en malinké) et Morolanga ; le Kéniétou dont il est question ici est très probablement le village de ce nom situé sur la rive droite du Niger en aval de Koulikoro ; quant à Ségala, ce peut être ou bien le Ségala situé en face de Niamina ou bien celui qui se trouve dans le Kaniaga actuel, au Nord-Est de Sosso.

mangourou, ravagea la province de Sosso et en subjugua les habitants, qui devinrent ses sujets (1). Par la suite, Soundiata devint le souverain d'un empire immense, subjuguant tous les royaumes sur une étendue considérable (2).

Depuis ce temps jusqu'à maintenant, le pays du Mandé est resté au pouvoir du clan des Koïta (3).

C'est là ce qui nous est parvenu, touchant l'histoire du royaume du Mandé, de la bouche des gens bien disants. Fin.

III

HISTOIRE DE LA FONDATION DU ROYAUME DES DIAWARA (XIIIe siècle).

Histoire de l'apparition de la puissance des Diawara, d'après ce que nous avons entendu de la bouche des conteurs et des gens bien disants.

On dit que l'ancêtre du clan des Diawara s'appelait Dama Guillé, fils de Modi Massa Moumini, et avait pour mère Ségui Khêri. Il résidait du

---

(1) La bataille de Kirina et la prise de Sosso par Soundiata eurent lieu vraisemblablement en 1235 et marquèrent la fin de l'empire de Sosso.

(2) En effet, après la défaite de Soumangourou, Soundiata soumit successivement les villes de Sansanding, Dia ou Diagha, Dioura, Bassikounou et enfin prit et détruisit, vers 1240, l'antique cité de Ghana, dans la région de Oualata. C'est à la suite de la destruction de Ghana qu'il transporta la capitale de son Etat, considérablement agrandi, de Kangaba en un endroit situé à peu de distance au Sud-Ouest de Niamina : c'est là qu'il bâtit la fameuse ville de Niani, dite de Mali, que visita en 1352 Ibn-Batouta. C'est Soundiata qu'Ibn-Khaldoun appelle Mari-Diata.

(3) L'empire du Mandé ou du Mali se maintint, avec Mali comme capitale, jusqu'en 1670 ; à cette date, l'empereur Mama Maghan Keïta, vaincu par le roi de Ségou Biton Kouloubali, retransporta à Kangaba la capitale de l'empire, réduit aux pro-

côté du Hidjaz (1) et partit de là, chassant dans la brousse, jusqu'à ce que la faveur du destin l'eût poussé vers le pays du Mandé, où régnait en ce temps un prince nommé Soundiata (2). Il y avait dans la ville du roi un cordonnier nommé Kâké Kânédyi; un jour qu'il se rendait dans la brousse en quête d'écorce à tanner les cuirs, il y rencontra Dama Guillé, qu'accompagnaient un homme appelé Khâkhé Khânédyi (3), ancêtre des Soninké connus sous le nom de Khânédyi, un autre homme appelé Dembané et un autre encore appelé Niangué Makhan, ancêtre des Soninké connus sous le nom de Kamara. Lorsque le cordonnier les eut aperçus, il s'écria : « Tiens! voici que j'ai rencontré des hommes! » Puis il s'approcha d'eux et demanda qui ils étaient; ils le lui firent connaître et Dama lui dit : « Nous sommes des chasseurs venus du pays du Hidjaz, que la faveur du destin a poussés en ce pays-ci qui est le vôtre; qu'est-ce que c'est que ce pays et qui est son chef? » Le cordonnier lui donna des informations sur le pays et le chef et lui apprit ce qu'était la province du Mandé. Alors Dama Guillé lui dit : « Voici ce que nous devons faire, toi et nous : allons ensemble chez le roi et tu l'informeras de ce que nous sommes. — Bien! » dit le

---

portions d'un petit royaume, Mambi Keïta, le dernier des descendants de Soundiata qui aient régné, est mort à Kangaba il y a une quinzaine d'années; ses héritiers, pour des raisons politiques, ont été écartés du pouvoir et maintenus en résidence à Bamako.

(1) C'est-à-dire du côté de l'Orient.

(2) L'histoire de Dama — ou Daman — doit donc se placer vers le milieu du XIIIe siècle, Soundiata ayant régné approximativement de 1230 à 1255.

(3) Ce nom et celui du cordonnier sont orthographiés de façon identique dans le manuscrit; j'ai modifié légèrement l'orthographe du nom du cordonnier, en substituant des *k* aux *kh*, afin de le distinguer de l'autre et aussi afin de me conformer à la prononciation locale, qui varie selon qu'il s'agit de Malinké ou de Soninké.

cordonnier. Et ils se rendirent de ce lieu à la ville afin d'exposer l'affaire à Soundiata.

Or voici comment les choses se passèrent. Lorsqu'ils furent arrivés à la ville, ils descendirent dans la maison du cordonnier et Dama lui dit : « Va, ô mon frère, implorer la protection de Soundiata (1). — Attends, répondit le cordonnier, que j'aie plongé mes peaux dans le bain de tannage. — Bon ! » dit Dama. Lorsqu'il les eut mises dans le bain, Dama lui dit : « Approche-les de moi afin que je les tanne avant ton retour. » Alors le cordonnier s'en fut chez Soundiata et lui raconta l'histoire de Dama Guillé. « Qu'il soit le bienvenu, dit Soundiata, et que bienvenue soit son arrivée en notre pays. » Puis il dit au cordonnier : « Invite-le à venir auprès de moi. » Le cordonnier alla donc trouver Dama et l'invita à se rendre à l'appel du roi. Lorsqu'ils furent arrivés, Soundiata demanda leur histoire à Dama et à ses compagnons et ils la lui racontèrent. Ensuite Soundiata leur demanda quel était leur nom de clan et à quel nom de clan du Soudan il correspondait (2). Dama répondit : « Je n'ai pas de

---

(1) Le texte arabe, autant que permet d'en juger la copie que j'ai entre les mains, porte : *Eqdam, yâ khoûya, djâwar ila Soundjata*. Sans doute faut-il faire de *djâwar* l'impératif de *djâwara*, troisième forme du verbe *djâra*, à laquelle l'auteur aurait donné le sens réservé habituellement à la dixième forme ; ou bien encore faut-il traduire par « va voisiner avec Soundiata, va faire à Soundiata une visite de voisinage ». De toutes façons, il paraît bien que l'emploi de ce mot légèrement obscur en la circonstance est destiné à expliquer, par un semblant d'étymologie arabe, le nom de *Diawara* donné au clan de Dama et de ses descendants, nom que l'auteur du manuscrit vocalise en général *Djâwar*.

(2) Le mot arabe qu'il faut traduire ici par « nom de clan » est *tamdjîd*, qui signifie proprement « glorification, anoblissement » ; de même le verbe *madjada* « être noble » est employé couramment dans le manuscrit avec le sens de « porter comme nom de clan » ; je l'ai traduit ordinairement par « être connu sous le nom de ». Il peut être intéressant de comparer à ces expressions le mot *yettódé*, employé par les Peuls avec le sens de « nom de clan » et qui signifie étymologiquement « ce qui honore ». Le nom de clan au Soudan équivaut en effet en quelque sorte à un

nom de clan, parce que nous appartenons à une tribu de l'Orient (1). » Là-dessus on lui donna un nom de clan rappelant qu'il avait eu à se louer de sa rencontre avec le cordonnier et ce nom de clan fut *Diawara* (2). Et c'est depuis ce temps que les gens disent que le clan des Diawara se compose d'esclaves de cordonniers, en langue étrangère *garankè-komé* (3). Ensuite, Soundiata fit loger Dama dans la maison du cordonnier ; il demeura là, allant chasser dans la brousse et apportant à tout moment du gibier à Soundiata en manière de cadeau, si bien qu'ils devinrent une paire d'amis et que Soundiata, roi du Mandé, fut dominé par l'affection qu'il portait à Dama.

Par la suite, un certain jour que Dama se trouvait assis dans un trou de termitière à l'affût du gibier, un homme arriva, se dirigeant vers l'Est, qui fit halte en cet endroit et qui, lorsqu'il reprit sa route, oublia là une bourse pleine d'or. Quand Dama sortit de sa cachette, il trouva l'or dont il vient d'être question, le ramassa, le plaça dans

---

titre de noblesse et on honore quelqu'un en le saluant de ce nom. Les peuples de langues différentes portent des noms de clan qui diffèrent naturellement d'un peuple à l'autre, mais, en général, chaque nom de clan chez un peuple donné a un correspondant chez les autres peuples.

(1) Dama indique par là qu'il n'est pas d'origine soudanaise, qu'il appartient à un peuple oriental — arabe peut-être — chez lequel l'usage des noms de clan n'existe pas.

(2) Les noms de clan au Soudan rappellent en général soit le nom de l'ancêtre ou du lieu d'origine des membres du clan, soit une circonstance au cours de laquelle l'ancêtre du clan a eu à se louer des services ou de l'aide d'un être (animal, homme ou plante), lequel — ainsi que tous ceux de son espèce — devient sacré pour les membres du clan. La circonstance de la rencontre du cordonnier, laquelle fut, comme on le verra par la suite, l'occasion de la fortune de Dama, se trouve rappelée par le mot *Diawara* parce que Dama aurait dit en arabe au cordonnier : *djâwar ila Soundjata.*

(3) *Garankè* est le nom donné dans tous les pays de langue dite « mandé » à la caste des cordonniers ; *komé* signifie « esclave » en soninké. Les Diawara ont comme « tabou » ou espèce sacrée la caste des cordonniers.

le creux d'un grand arbre qui se trouvait là et fit une marque sur cet arbre. Plus tard, lorsque le propriétaire de la bourse revint, il fit halte à l'endroit précité et y rencontra Dama. Alors Dama lui demanda : « N'as-tu pas oublié quelque chose ici ? » L'homme répondit : « Si, j'ai oublié mon or ici l'année dernière. » Dama retira la bourse du creux d'arbre, la lui remit et lui dit : « C'est moi qui l'avais ramassée au moment de ton départ de ce lieu. » Après que Dama lui eut donné sa bourse, cet homme lui dit : « Merci à toi, que Dieu te récompense de ce que tu as fait ! » Puis il ajouta : « Que désires-tu de moi ? — Rien autre chose que ceci, répondit Dama : quand tu iras à La Mecque en pèlerinage, cherche le chef de La Mecque, c'est-à-dire le chérif qui se trouve là-bas, et tu lui demanderas pour moi un sabre avec lequel je puisse chasser. » Lorsque cet homme se rendit à La Mecque, il sollicita un sabre comme il en avait été prié et le chérif lui remit le sabre court qui fut depuis le sabre royal du clan des Diawara, sabre appelé *ouâlé* en langue étrangère (1). Comme il revenait de La Mecque avec ce sabre suspendu à son épaule, les oiseaux accouraient vers lui de tous côtés de manière à bien prouver les qualités merveilleuses de ce sabre. Mais l'homme se montra traître envers Dama et donna le sabre au roi du Mandé qui nous est connu sous le nom de Soundiata. Quant à Dama, il demeura dans sa condition jusqu'à ce que Soundiata l'eût prié de lui demander ce qu'il

(1) Le mot *ouâlé* désigne en soninké, non pas une espèce particulière de sabre, mais le sabre servant d'insigne du pouvoir; certains font venir ce mot de l'arabe et le traduisent par « protecteur » ou « gouverneur » ; je dois faire observer que l'auteur du manuscrit, qui use d'un point placé au-dessous de la ligne d'écriture pour représenter la voyelle *é* — laquelle fait défaut en arabe — orthographie le mot *ouâlé* et non pas *ouali* (protecteur) ni *ouâli* (gouverneur).

désirait avoir de lui : « Ce que je désire avoir de toi, répondit Dama, c'est un sabre avec lequel je puisse chasser. » Alors Soundiata s'adressa à une femme de la caste des Finanou (1) appelée Niagalé Missâné — cette femme était préposée à la garde des sabres de Soundiata — et lui dit : « O Niagalé Missâné, apporte-moi un de mes sabres ». Elle entra dans le magasin aux sabres et en sortit avec un sabre qui était celui que nous connaissons sous le nom de *ouâlé*. Le roi lui dit : « Remporte celui-ci ! » Elle le remporta et voulut ensuite en prendre un autre, mais sa main tomba sur ce même sabre et il en fut ainsi par trois fois. Alors Soundiata prit ce sabre et le donna à Dama Guillé en lui disant : « C'est Dieu qui te l'a donné, mais je t'ordonne de quitter mon royaume (2) ».

Dama quitta donc le territoire du Mandé avec sa famille et arriva à la ville de Ségou ; puis il s'installa dans un petit village voisin de Ségou appelé Nionko et y demeura, allant chasser dans la brousse. Il épousa une femme en ce lieu ; elle lui enfanta un fils qu'ils appelèrent Diara Mâmadi et qui fut l'ancêtre des Bambara habitant la ville de Mourdia (3) qui ont comme nom de *clan* Diawara. En ce temps-là, le chef de Ségou s'appelait Soro Silamakamba Koïta ; c'est lui l'ancêtre du clan bambara connu sous le nom de Koïta (4) ; il avait une fille nommée Koria Koïta. Les devins parlèrent à son sujet à Silamakamba et lui dirent : « Ta fille que voici enfantera un grand roi qui règnera sur les gens de son temps. » Lorsque Silamakamba eut entendu cette parole des devins, il refusa sa fille à ses cousins du ter-

---

(1) *Finanou* est en malinké le pluriel de Fina, nom d'une caste de griots.

(2) Soundiata craignait en effet que le possesseur du sabre merveilleux devînt pour lui un rival redoutable.

(3) Dans la province du Niamala, au Sud du Ouagadou.

(4) Le même clan est appelé Koïta ou Koïta, selon les provinces.

ritoire de Ségou qui la demandaient en mariage et la tint enfermée, allant jusqu'à l'empêcher de sortir (1).

Cependant Dama allait à la chasse à tout moment et en toute saison et, chaque fois qu'il rapportait du gibier, il en envoyait une part au chef en témoignage d'honneur, tant et si bien qu'entre eux deux s'établirent l'affection et l'amitié. Un jour, le chef fit appeler Dama et lui dit : « Je veux te donner en mariage ma fille Koria, à condition que tu sortes avec elle des limites de mon territoire sans que personne ne te remarque, à cause de ce qu'il y a de merveilleux en ce qui la concerne ; car elle enfantera un fils qui régnera sur les gens de son temps et sera un grand roi, selon la parole qui m'a été dite, et c'est pour cela que je l'ai refusée aux épouseurs du territoire de Ségou, dans le désir de conserver ma royauté à ma descendance (2). » Dama accepta ces conditions et partit de nuit avec Koria sans que personne le sût, laissant sa famille dans le village où elle se trouvait (3).

La faveur du destin le poussa vers la province du Kingui (4) ; il continuait à chasser dans la brousse et nourrissait avec sa chasse et lui-même et ceux qui étaient avec lui. Enfin il s'arrêta dans une localité nommée Toudougoumbé (5). Le roi du Kingui était alors un homme nommé Mana Makhan Niakhaté (6). Dama alla le trouver à la

---

(1) De crainte que, si elle avait un enfant de quelqu'un du pays, cet enfant n'usurpât un jour le trône de Ségou sur son grand-père ou sur l'héritier naturel de celui-ci, réalisant ainsi la prédiction des devins.

(2) A ma descendance masculine et non à celle de ma fille.

(3) C'est-à-dire à Nionko. Par « sa famille », il faut entendre sa première femme et le fils qu'il avait eu d'elle.

(4) Province de Nioro.

(5) Ou Toundoungoumé, village situé tout près de Diara et à l'Est de cette ville.

(6) Voir au chapitre suivant l'histoire des Niakhaté.

ville de Diara (1) et le salua; Mana Makhan lui rendit son salut et lui dit : « Qui es-tu? quel est ton état? et comment es-tu venu auprès de nous? — Je suis, répondit Dama, un homme d'une tribu de l'Orient; ayant quitté notre pays, j'ai marché jusqu'à ce que je fusse arrivé dans le territoire du Mandé et je suis resté là aussi longtemps que Dieu l'a voulu; ensuite j'en suis parti et suis arrivé dans la ville de Ségou; puis je suis parti de là pour arriver dans ton territoire. Je suis un chasseur qui chasse les animaux sauvages. » Mana Makhan lui souhaita la bienvenue et le fit loger dans le village de Toudougoumbé. Dama épousa une fille du roi appelée Assa Kandé Niakhaté et il demeura là avec elle. Cette femme lui enfanta le premier fils qu'il eut dans le pays du Kingui; ils le nommèrent Mana Makhan Diawara, parce que Mana Makhan Niakhaté était le grand-père maternel de l'enfant. Après cela, son autre femme dont nous avons parlé sous le nom de Koria Koïta lui enfanta un fils qu'on appela Mahmoudou Diawara.

Ils demeurèrent dans cet état jusqu'à ce que Mahmoudou eût grandi. Un jour, Mahmoudou partit du village de Toudougoumbé et se rendit à la ville de Diara pour y jouer; il se disputa avec un fils du roi connu sous le nom de Bemba Niakhaté, fils de Mana Makhan Niakhaté, et le souffleta si fort qu'il lui fit tomber une dent. Puis Mahmoudou retourna auprès de son père. Lorsque la nouvelle en parvint au roi, il expédia un envoyé à Dama Guillé pour lui dire : « Certes, ton fils Mahmoudou n'a pas de bonnes manières et tu dois l'éloigner de mon royaume, car il a commis un acte détestable sur mon fils. » Lorsque Dama eut entendu cela, il prit avec lui Mahmoudou et trois hommes dont l'un était fils de

(1) Ancienne capitale du Kingui, près et au Nord-Est de Nioro.

Khâkhé Khanédyi et s'appelait Fadé Khanédyi; le second était fils de Dembané (1) et se nommait Hammadi; le troisième était fils de Niangué Makhan et se nommait Bougari Kamissokho. Puis il alla avec eux dans la direction du Sahel (2) jusqu'à ce qu'il fût arrivé dans une localité appelée Diagouraga (3); il les y installa, puis revint à Toudougoumbé.

L'affaire en demeura là jusqu'à ce que la situation de Dama Guillé fût devenue prospère. Lorsque les gens qui étaient avec lui en ce lieu furent devenus nombreux, il leva une grande armée, en confia le commandement à Niangué Makhan et l'envoya faire la guerre aux gens de Dienné; Niangué Makhan partit avec sa troupe, atteignit la ville de Dienné, combattit les habitants, les vainquit, saccagea leur ville et revint auprès de Dama Guillé. Par la suite, ce dernier expédia une deuxième armée, puis une troisième, dans la direction de l'Orient. Après quoi, Dama mourut.

Alors on envoya un message à son fils Manmoudou pour l'avertir du décès de son père. Il revint à cette occasion à Toudougoumbé où on le reconnut comme chef, et il prit le commandement à la place de son père.

Et maintenant, voici quel fut le motif de l'entrée de Mahmoudou à Diara. Il y avait un homme, du clan soninké connu sous le nom de Bakhaga (4), qui s'appelait Fassa Kouré; avant la mort de Dama Guillé, il avait été blessé par Bemba Niakhaté d'une flèche empoisonnée et, à la suite de cela, était tombé malade d'une maladie qui dura longtemps sans que son état pût s'améliorer.

---

(1) Il s'agit vraisemblablement d'un fils de Dembané dont il a été question au début du récit et qui, ainsi qu'on le verra par la suite, était un Peul.

(2) C'est-à-dire « dans la direction du Nord ».

(3) Au Nord-Est de Nioro, sur la route de Nioro à Oualata.

(4) Ou Bagaka.

La durée de la maladie avait atteint sept années, sans qu'il eût dormi pendant tout ce temps, lorsque son père l'envoya pour sauver sa vie auprès de Dama Guillé, afin que celui-ci le soignât. Or, au moment de son arrivée chez Dama, Fassa Kouré n'y rencontra pas ce dernier, qui se trouvait être parti dans la brousse pour chasser. Avant qu'il fût de retour, sa femme fit cuire de la nourriture pour le malade, qui la mangea; lorsqu'il l'eut mangée, il retrouva la santé et dormit. Après cela, Dama arriva; on lui raconta la nouvelle et il dit que cette nourriture suffirait à guérir le malade. Celui-ci revint chez son père et l'informa de ce qui lui était advenu; alors son père lui ordonna de retourner chez Dama et de demeurer auprès de lui tout le temps de la vie de celui-ci. En conséquence, Fassa Kouré retourna chez Dama Guillé et y demeura jusqu'à ce que ce dernier fût mort et que son fils Mahmoudou lui eût succédé, et alors il revint à Diara. Ensuite, il retourna au bout d'un certain temps auprès de Mahmoudou et lui fit connaître l'iniquité — c'est-à-dire la tyrannie (1) — des rois de la famille des Niakhaté en ces termes : « Ils oppriment si fort leurs sujets que ceux-ci les ont pris en aversion; ainsi le fils du roi, le nommé Bemba Niakhaté, fend le ventre de toutes les femmes enceintes qu'il rencontre et arrache leur enfant de leur ventre, et, quand les gens le questionnent sur le motif de sa conduite, il dit : « C'est de peur de faire un mensonge, car je ne sais pas si c'est un garçon ou une fille qui est dans leur ventre, et c'est pour cela que je le leur fends. » Lorsqu'il passe auprès d'une meule de céréales appartenant à un homme des champs, il y met le feu et, si les gens le questionnent à ce sujet, il dit : « Je me réchauffe ainsi. » Et il commet encore

(1) Ces mots sont en marge sur le manuscrit.

d'autres iniquités. Mais, ô Mahmoudou fils de Dama Guillé, je possède la formule d'un charme qui, si tu peux trouver les choses nécessaires à sa composition, détruira le pouvoir du clan des Niakhaté. — Quelle est sa composition? » lui demanda Mahmoudou. Fassa Kouré répondit : « De l'eau provenant d'un œil d'homme, une tête de cheval pourrie et la paume d'un homme courageux qui soit capable d'aller à la ville pour saluer Mana Makhan. Si tu trouves les choses précitées, j'écrirai le charme sur la paume de l'homme dont je viens de parler et celui-ci ira auprès de Mana Makhan et le saluera ; si cela est fait, le pouvoir royal du clan des Niakhaté sera anéanti. » Lorsque Fassa Kouré eut dit cela à Mahmoudou, le Peul de Dama Guillé dont nous avons parlé sous le nom de Dembané se leva et dit : « Voici mon œil, arrachez-le. » Et on l'arracha. Ensuite Mahmoudou expédia à Diara un homme appelé Mâmadi Bakhaga pour qu'il y dérobât un cheval ; cet homme alla dans ce but à Diara, y déroba un cheval et le ramena à Mahmoudou ; on égorgea ce cheval, on coupa sa tête et on la mit au soleil pour la faire sécher. Lorsqu'elle fut sèche, Fassa Kouré demanda : « Où est la paume de l'homme courageux ? » Mahmoudou, se présentant lui-même, dit : « Me voici ! écris le charme sur ma paume. » Et Fassa Kouré l'y écrivit (1).

Alors Mahmoudou prit le chemin de Diara, atteignit la ville et continua sa marche jusqu'à

---

(1) Voici comment, d'après ce qui se passe encore de nos jours au Soudan, il faut interpréter ce qui a trait à ce charme : après avoir pulvérisé la tête du cheval, on avait délayé une petite quantité de la poudre ainsi obtenue dans le liquide extrait de l'œil de Dembané et on avait fabriqué ainsi une sorte de pâte avec laquelle Fassa Kouré traça des signes magiques sur la paume de la main de Mahmoudou ; c'est ainsi, je crois, qu'il convient de comprendre l'expression « j'écrirai le charme », *sa'aktoubou'l-hidjaba*, employée par l'auteur.

ce qu'il fût arrivé auprès de Mana Makhan ; il le salua et lui donna à serrer celle de ses mains sur laquelle le charme avait été écrit. Dès qu'ils se furent séparés, Mana Makhan entra dans son habitation, prit une de ses juments, monta dessus, sortit à la nuit de la ville de Diara et s'éloigna; et, jusqu'à maintenant, on n'a plus eu de nouvelles ni de lui ni de tous les autres membres du clan des Niakhaté (1), à l'exception d'un seul d'entre eux, de nature maladive, qui se nommait Sodoga et qui était en train de dormir au moment de la disparition des Niakhaté; lui, ses enfants et ses serfs firent désormais partie du clan des Diawara; il fut l'ancêtre d'un clan de griots (2) connu sous le nom de Daramé et qu'on appelle *Sodoga-diârou* (3). Quant à la ville, elle demeura telle qu'elle était auparavant, sans subir aucun amoindrissement.

Ensuite Fassa Kouré (4) dit : « Amenez-moi trois jeunes garçons pour que je les revête d'un charme magique et que je les envoie à la ville de Diara. » Mahmoudou les lui remit; il pratiqua ses enchantements, puis revêtit de soie les trois jeunes garçons et leur ordonna de se rendre à Diara et de tourner autour de trois mosquées qui s'y trouvaient et qui étaient les plus grandes des mosquées existant à Diara. Lorsqu'ils l'eurent fait, tous les chefs du clan des Niakhaté prirent la fuite. Et ensuite la ville de Diara demeura

(1) Ou plutôt des chefs du clan, qui disparurent un peu plus tard, comme on le verra plus loin.

(2) Le texte arabe porte *djârou* pour *diârou*, mot soninké qui est le pluriel de *diâré* ou *diâlé*, individu de la caste des chanteurs que nous appelons au Soudan « griots ».

(3) C'est-à-dire « les griots issus de Sodoga ».

(4) Fassa Kouré était demeuré à Toudougoumbé, où Mahmoudou lui-même était revenu après être allé à Diara serrer la main de Mana Makhan.

comme elle était, sans subir aucun amoindrissement (1).

Après cela, les gens du Tagant (2) entendirent parler de Mahmoudou; un informateur leur dit que le susnommé Mahmoudou, fils de Dama Guillé, régnerait sur un grand empire et finirait par subjuguer tous les pays sans qu'aucun échappât à sa conquête, à l'exception de celui qui aurait contracté alliance avec lui (3). Lorsqu'ils eurent appris cela, ils choisirent dans leur sein une belle femme et l'expédièrent à Mahmoudou; leurs envoyés arrivèrent avec elle à la ville de Diara et descendirent, avec elle et avec les bagages qui constituaient son trousseau et qui se composaient de trois cent, unités de chaque sorte de richesses, dans la maison d'un homme nommé Diabiya Doumbé (4) Kamara, ancêtre des Kâgoro (5) surnommés Kamara. Ce Diabiya Doumbé avait un fils appelé Fato Makhan Kamara, qui était l'ami de Mahmoudou et son confident. Lorsque les envoyés du Tagant furent descendus chez son père, Fato Makhan monta sur son cheval et se rendit auprès de Mahmoudou, qui était alors à Diagouraga. Quand il fut arrivé là, il lui raconta l'histoire de la femme dont il vient d'être question et qu'avaient envoyée les gens du Tagant pour Mahmoudou Diawara, et il lui dit que cette femme n'avait pas sa pareille sur toutes les places de danse de la ville de Diara, lesquelles étaient au nombre de trois cents et sur

(1) C'est-à-dire sans doute que, à part la disparition du roi et des principaux membres de sa famille, le chiffre de la population demeura ce qu'il était auparavant.

(2) Province de la Mauritanie située au Nord-Ouest de Diara et de Nioro.

(3) Il faut entendre ici « alliance » dans le sens d'alliance par mariage.

(4) Ou Diabigné Doumbé.

(5) Les Kâgoro forment une tribu moitié soninké et moitié banmana répandue dans les cercles de Nioro, Goumbou, Kita, Sokolo et Bamako.

lesquelles les femmes se livraient au plaisir de la danse. Lorsqu'il apprit ces détails, Mahmoudou s'en réjouit. Comme il en manifestait son contentement, un homme qui se trouvait là et qui était l'un des compagnons de Mahmoudou, le nommé Fakhaloumpan, lui dit : « O Mahmoudou, n'épouse pas cette femme, mais donne-là à celui qui t'a apporté la nouvelle de son arrivée : une autre qu'elle te suffira et cela vaudra mieux pour toi. » Mahmoudou répondit : « Je me range à ton avis. » Puis il dit : « O Fato Makhan, aimes-tu cette femme ? » Fato Makhan lui répondit qu'il ne pouvait la haïr puisqu'il l'avait vue. Mahmoudou lui dit alors : « Je te la donne en raison de l'amitié qui existait déjà entre nous antérieurement aux événements actuels. » Fato Makhan l'accepta de bon gré, puis il dit à Mahmoudou : « Quelle est la chose que tu désires obtenir de nous, afin que nous t'en facilitions l'obtention ? — L'objet de mon désir, dit Mahmoudou, est la ville de Diara : je ne désire rien autre que l'obtenir. » Alors Fato Makhan lui dit : « Si je te donne la ville de Diara, que feras-tu de moi quand tu y seras ? — Qu'est-ce que les Niakhaté, lui dit Mahmoudou, faisaient de vous à Diara, où vous étiez leurs ministres au temps de leur puissance ? — Ils avaient fait de nous, dit Fato Makhan, les gardiens de toutes les coutumes de la ville de Diara, et on nous appelait en langue étrangère *toun-diàlé* (1) ; c'est là ce que nous faisions à Diara et cela était stipulé de façon que rien ne pût y mettre obstacle. — Eh bien, lui dit Mahmoudou, nous ferons de même ; nous ferons de vous les maîtres de toutes les traditions et de toutes les règles établies à Diara, et, de plus, je te confierai le sabre de la royauté connu sous le nom de *ouàlé* ; celui que vous

(1) En soninké « griot du royaume » ou « griot de la couronne. »

aimerez parmi les Diawara, vous le ferez régner sur le clan des Diawara, et celui que vous haïrez, vous l'écarterez du pouvoir; c'est là ce que vous ferez sous notre dynastie, et cet office comportera la faculté d'intronisation et de destitution; nous et vous serons égaux et il y aura entre nous échange d'alliances matrimoniales et de dots. » Ils conclurent un engagement à cet effet et prirent à témoin les gens qui y assistaient.

Ensuite Fato Makhan retourna auprès de son père Diabiya Doumbé dans la ville de Diara et le mit au courant de tout ce qui s'était passé entre lui et Mahmoudou au sujet de l'affaire de la femme, de l'affaire du pouvoir royal et de l'affaire de la ville de Diara, depuis le commencement jusqu'à la fin. Son père lui répondit : « O mon fils, je donne mon consentement à tout ce que tu as conclu avec Mahmoudou, excepté en ce qui concerne l'affaire de l'échange d'alliances matrimoniales, car je n'y puis consentir; retourne donc auprès de lui et retranche cette clause de l'ensemble des clauses précitées. » Fato Makhan retourna auprès de Mahmoudou et ils retranchèrent du traité la clause en question, puis Mahmoudou dit à Fato Makhan : « Est-ce que ton père est en vie? — Oui, dit Fato Makhan. — Cette restriction vient de lui, reprit Mahmoudou, mais je te l'ai accordée pour être agréable à toi et à ton père, afin que vous m'autorisiez à entrer dans la ville de Diara. » Alors Fato Makhan retourna auprès de son père et le mit au courant. Ensuite son père parla avec tous les hommes de bien de la ville jusqu'à ce qu'ils fussent d'accord pour reconnaître comme chef Mahmoudou Diawara ; et ils le reconnurent pour chef et lui accordèrent l'entrée dans la ville.

A la suite de cela, Mahmoudou quitta Diagouraga avec son armée, se rendit à la ville de Diara et y entra ; les gens de Diara lui firent leur soumission et il régna sur eux avec un pouvoir considérable (1). Il engendra ensuite son fils Silamakhan Diawara. Quant au titre que portèrent tous les rois du clan des Diawara, ce fut *faré* (2).

Cependant, il y avait dans le pays du Fouta un prince appelé Satigui (3). Il marcha sur Diara avec son armée et fit la guerre aux gens de Diara. Mahmoudou vainquit les assaillants, les poursuivit depuis le territoire du Kingui jusqu'à celui du Fouta où il les atteignit, et les combattit dans ce dernier pays. Mahmoudou fut tué dans cette guerre. Son armée revint à la ville (4) et on proclama roi son fils, le *faré* Silamakhan.

Ce dernier engendra trente enfants, dont quinze garçons, les quinze autres étant des filles. Sept d'entre les premiers régnèrent successivement et donnèrent naissance à sept familles, dont voici les noms : les Dama-ka (5), dont les survivants se trouvent aujourd'hui dans la ville de Diara ; les Bandiougou-ka, qu'on trouve au village de Yéréré (6) ; les Ouâlé-ka, au village de Tourougoumbé (7); les Faré-ka, au village de Boulli (8) ; les Aïssé-ka, au village de Méré-

---

(1) L'avènement de Mahmoudou Diawara au trône de Diara eut lieu vraisemblablement vers 1270.

(2) Ce titre, dont j'ignore l'étymologie précise, fut porté, avec des variantes, par un grand nombre de rois et de princes soudanais d'origine soninké ou malinké ; on le trouve mentionné souvent dans le *Tarikh-es-Soudân*.

(3) Le titre de *silatigui* (« maître de la route » en malinké), déformé en *saltigui*, *salti*, *satigui* ou *sétigui*, était donné communément aux rois du Fouta sénégalais ; les anciens voyageurs européens nous l'ont transmis sous la forme *siratique*.

(4) C'est-à-dire à Diara.

(5) Le suffixe *ka*, dans les langues mandé, sert à former les noms de nationalité, les noms de tribus, etc. Dans l'énumération donnée par l'auteur, il a été ajouté, semble-t-il, au nom de chacun des sept premiers fils de Silamakhan Diawara pour former les noms des familles de leurs descendants.

(6) Entre Nioro et Diara.

(7) Tourougoumbé est une variante du nom de Toudougoumbé, dont il a été question plus haut.

(8) Sur la route de Diara à Diagouraga.

médi (1) ; les Simba-ka, au village de Diabigué (2); les Monkoti-ka, au village de Diala (3) ; enfin les Dâbo-ka, dont une fraction se trouve au Bâkhounou et une autre fraction au Fouta. Le pouvoir royal se transférait alternativement de l'une à l'autre des sept familles et celui des sept chefs de famille qui était le plus âgé exerçait le commandement sur les autres.

Les choses se passèrent ainsi jusqu'au *faré* Monkiti (4) : Diounkanté Silamakhan (5) refusa de lui donner le sabre royal; il y eut entre eux à ce sujet des disputes et des combats ; enfin les Sagoné (6) soulevèrent le pays contre la famille de Dâbo et dispersèrent la famille de Dâbo dans les régions où elle est éparse depuis ce jour jusqu'à maintenant (7). Quant à la famille des Sagoné, elle demeura dans le territoire du Kingui et régna sur le clan des Diawara établis dans le pays du Kingui pendant trois cents ans et un an, jusqu'à l'arrivée des Mansassi (8), qui s'emparèrent du pouvoir.

Tel est ce qui nous est parvenu touchant l'his-

---

(1) Près et à l'Est de Diara.

(2) Au Sud de Diara.

(3) Diala est dans le Nord-Ouest du Kaarta, sur la route de Diara à Bafoulabé.

(4) Le texte banmana porte *Mokoti* ou Monkoti, comme plus haut ; mais le texte arabe donne dans le premier cas la vocalisation *Monkoti* et dans le second *Monkiti*.

(5) Le texte banmana porte « Diangountô-Silamakhan », ce qui pourrait indiquer que Silamakhan était originaire du Diangountô, province située au Nord du Kaarta. Ce Silamakhan était sans doute un descendant de Fato Makhan et avait hérité de l'office d'investiture confié à la famille de ce dernier.

(6) Famille diawara dont le nom n'a pas été mentionné par l'auteur parmi celles issues des sept premiers fils du *faré* Silamakhan ; cette famille était rivale de celle des Dâbo-ka ou Dâbora, ou descendants de Dâbo.

(7) La victoire des Sagoné sur les Dâbo eut lieu vers 1450.

(8) Ou *Massassi* (en banmana « descendance de roi »), fraction du clan des Kouloubali qui régna d'abord dans le Niamala, puis au Kaarta, et s'empara du pouvoir à Diara vers 1754.

toire des Diawara : nous l'avons recueilli de la bouche des conteurs et des gens bien disants ; Dieu connaît mieux la vérité. Fin.

IV

ROYAUME DES NIAKHATÉ (1).

On dit que le motif de leur prise de possession de la province du Kingui fut le suivant. Lorsqu'eut été détruit l'Etat du Ouagadou, le pays demeura sans maître déterminé et les habitants se dispersèrent comme les sauterelles, chacun étant incapable de pourvoir à sa propre subsistance. Alors les gens du Sahel envahirent le territoire du Kingui et de même le territoire du Mandé à tout moment et en toute saison. Par la suite, les Diawando (2) arrivèrent du pays du Mandé dans la province du Kingui et s'y établirent ; leur chef, à cette époque, était Mâli Dabi. Ils restèrent dans la province du Kingui durant une longue période évaluée à 170 ans. Ensuite la tribu d'*Erem* (3) leur fit la guerre et les chassa

---

(1) Pour ce chapitre et les suivants, je n'ai rien eu entre les mains que le manuscrit arabe : les textes bamana que M. Chartier avait mis à ma disposition ne comprennent que l'histoire du Ouagadou, celle de l'avènement de Soundiata et de sa lutte avec Soumangourou et celle des Diawara. Au point de vue chronologique, le chapitre relatif aux Niakhaté devrait se placer entre le premier et le deuxième, c'est-à-dire entre la dislocation du royaume du Ouagadou (fin du VIIIe siècle) et l'époque de Soundiata (milieu du XIIIe siècle), à laquelle apparaissent les Diawara.

(2) *Diawando*, pluriel *Diawambé*, est le nom donné par les Peuls à une sorte de tribu répandue auprès d'eux et parlant leur langue, mais qu'ils considèrent comme d'une autre origine qu'eux-mêmes.

(3) Je ne suis pas sûr de ce mot, qui n'est pas vocalisé dans le manuscrit et se compose des lettres *aïn*, *ra* et *mim ;* il s'agit très probablement d'une ancienne tribu peule qui habitait, entre Tichit

de la province du Kingui ; ils émigrèrent dans le pays du Fouta et y restèrent sept ans ; puis ils revinrent dans le Nord du Kingui (1) et devinrent clairs comme les Blancs (2) ; c'étaient des gens vivant sous la tente : à la saison froide, ils quittaient le Sahel et venaient camper auprès de la colline rocheuse de Nioro-Tougouné (3) ; ceux qui campaient à l'Est de la colline furent appelés les Mâli-ka (4) et ceux qui campaient à l'Ouest furent appelés les gens de *Gada-haïré* (5), car les Diawando formaient deux tribus.

Lorsqu'ils voulaient aller dans le Nord, ils laissaient leurs esclaves au Kingui pour cultiver la terre jusqu'à l'époque de leur retour. Quand la situation de leurs esclaves fut devenue prospère, ceux-ci fondirent un village à Nioro (6) ; leur chef à cette époque était Beïdâri. Ils refusèrent ensuite de payer les redevances habituelles à leurs maîtres ; une guerre éclata entre ceux-ci et les esclaves et ces derniers furent vaincus.

C'est après cela qu'arriva Mana Makhan Niakhaté, venant du pays de Ségou ; c'était un commerçant qui se rendait chaque année du côté de l'Occident avec une nombreuse compagnie. Un jour, l'armée de Koromanga (7), venant du

---

et Nôma, une région appelée tantôt Aterom et tantôt Termes par les chroniqueurs musulmans du Soudan et qui porte aujourd'hui encore le nom de Teurmissa.

(1) Littéralement « vers le pays de Kingui, du côté du Sahel ».

(2) Sans doute par suite de leurs alliances avec les Berbères.

(3) Nom d'une localité près de laquelle fut plus tard fondée la ville de Nioro.

(4) C'est-à-dire les descendants de Mâli Dabi.

(5) Ces deux mots veulent dire en peul « de l'autre côté du rocher ».

(6) On place généralement la fondation de Nioro vers l'an 1300, c'est-à-dire après le renversement de la dynastie des Niakhaté par celle des Diawara ; mais il est fort possible qu'un village existait au même endroit dès le début du XIIIe siècle, époque probable des faits qui vont être relatés par l'auteur.

(7) L'un des généraux de Soundiata : il fit plusieurs expéditions en dehors du Mandé au début du règne de ce prince et peut-être

Mandé, tomba sur les Diawando et leur prit tous leurs bœufs. Les Diawando s'enfuirent auprès de Mana Makhan Niakhaté et l'informèrent de l'attaque des gens de Koromanga. Lorsque Mana Makhan eut appris cela, il leva une armée parmi la compagnie des gens qui étaient avec lui, en vue de faire la guerre à Koromanga et aux gens du Mandé. Ils se rencontrèrent en un lieu appelé Loungagara et se battirent ; à la suite d'un combat très violent, Mana Makhan fut vainqueur des gens du Mandé, qui s'enfuirent ; il leur enleva tous les troupeaux qu'ils avaient pris aux Diawando et les rendit à ces derniers. Lorsqu'il leur eut rendu leurs troupeaux, les Diawando parlèrent avec tous les habitants du Kingui, leur proposant de mettre Mana Makhan à leur tête comme roi ; leur proposition reçut un accueil favorable et tous convinrent de reconnaître pour chef Mana Makhan ; ils le reconnurent pour chef à condition qu'il protégeât leur territoire contre les incursions qui pourraient se produire de n'importe quel côté ; Mana Makhan leur accorda satisfaction à ce sujet, il s'installa dans la ville de Diara et régna sur l'ensemble du pays ; puis le clan des Niakhaté se multiplia dans la province du Kingui.

Cependant Mana Makhan eut un fils nommé Bemba Niakhaté qui était doué de méchanceté et de dépravation et qui fit du mal aux gens du pays du Kingui. Parmi les choses extraordinaires que l'on raconte touchant son iniquité, on dit que, toutes les fois qu'il rencontrait une femme enceinte, il lui fendait le ventre ; et, si les gens l'interrogeaient là-dessus, il disait : « J'ai fait cela par crainte d'erreur, car je ne savais pas ce qu'il y avait dans son ventre et si c'était un garçon ou une fille. » Et lorsqu'il passait avec ses compa-

même avant son avènement, c'est-à-dire au commencement du XIIIe siècle.

gnons auprès d'une meule de céréales appartenant à quelqu'un, il y mettait le feu; ses compagnons lui disaient : « Pourquoi fais-tu cela ? » et il répondait : « C'est pour me réchauffer, j'avais froid ». Une telle dépravation était devenue son habitude dans tous les pays où il allait. Un jour enfin, il monta à cheval avec ses compagnons, et se rendit chez les Peuls qui se trouvaient dans le désert du Kaarta (1) avec leurs bœufs; il fit halte chez eux et leur demanda l'hospitalité; ils lui remirent une vache stérile et un veau châtré, mais il refusa ce présent; alors ils lui donnèrent à la place dix bêtes choisies parmi les vaches stériles et les veaux châtrés, mais il refusa encore ce présent. Alors les Peuls lui dirent : « Que désires-tu que nous te donnions, ô fils du roi ? » Il répondit : « La vache connue sous le nom de *dyèlé fouré* (2). » Les Peuls lui dirent : « Nous ne pouvons pas livrer la vache en question sans nous détruire nous-mêmes, car c'est la vache qui nous nourrit. » En effet, parmi les choses merveilleuses que l'on raconte au sujet de cette vache, il y a ceci que tous les gens du village avaient coutume de traire son lait : chacun venait traire la quantité de lait qu'il lui fallait et le lait continuait ensuite à couler sur la surface de la terre; c'est ainsi que les choses se passaient toujours. Les Peuls ayant refusé de lui livrer cette vache, Bemba se leva en personne et lui coupa les jarrets, et la vache tomba sur le sol; alors, un des Peuls qui se trouvaient là se précipita sur Bemba avec un sabre et le tua.

Les compagnons de Bemba s'enfuirent auprès de Mana Makhan et l'informèrent de l'événement;

(1) Il faut entendre ici par « désert » — *falat* dans le texte — une région sans habitants fixes, mais où nomadisent des pasteurs.

(2) Ces deux mots semblent appartenir à la langue peule et signifier quelque chose comme « jeune vache noble » ou « jeune vache au lait abondant ».

lorsqu'il eut entendu leur rapport, il leva une grande armée dont il donna le commandement à son fils aîné, connu sous le nom de Manda Niakhaté. Celui-ci marcha contre les Peuls et ils se battirent durant trois jours, au bout desquels les Peuls furent vaincus par Manda et mis en fuite dans la direction de Ségou; Manda les poursuivit et il y eut encore des combats entre les deux troupes, jusqu'à ce que l'une et l'autre fussent arrivées au fleuve *Dyêliba* (1). Tous, Manda comme les Peuls, tombèrent dans le fleuve et ils y périrent tous malgré leurs efforts pour s'en tirer, si bien que, par analogie, chaque fois que quelqu'un fait des efforts inutiles, on dit en manière de proverbe : « C'est comme ce qui arriva à Manda et aux chevaux », en langue étrangère *kho Manda ado sinou* (2). Jusqu'à présent, on n'a eu aucune information sur ce qui est advenu de Manda.

L'affaire en demeura là et le territoire du Kingui resta sous le commandement des Niakhaté jusqu'à ce que Dama Guillé fût arrivé chez eux du pays de Ségou et que sa dynastie eût remplacé celle des Niakaté, comme il a été dit dans l'histoire des Diawara.

Tels sont les faits qui nous sont parvenus de la bouche des conteurs en ce qui concerne le règne des Niakhaté sur le territoire du Kingui. Dieu est celui qui complète la vérité : tout vient de lui et retourne à lui. Fin.

(1) Nom mandé du Niger, signifiant « fleuve du griot ».
(2) C'est-à-dire en soninké « comme Manda et les chevaux ».

V

ROYAUME DES BAMBARA-MANSASSI
(DU XVIIe AU XIXe SIÈCLE)

L'occasion de la fondation du royaume des Bambara-Mansassi, d'après ce que nous avons entendu de la bouche des gens bien disants, fut la suivante. Les conteurs disent que leur origine remonte à deux hommes dont l'un se nommait Niangolo et l'autre Baramangolo et qui étaient frères de père et de mère. Ils venaient de la direction de *Barbari* (1) dans l'Est et arrivèrent dans un village voisin de Ségou appelé Kirkilina. Ensuite ils quittèrent cet endroit pour aller au village de Niamina (2). Niangolo s'établit là et Baramangolo s'établit au village de Ségou.

Niangolo engendra un fils qui fut appelé Sounsa. Sounsa prit de l'âge. Il demeurait depuis quarante ans avec son père lorsque Niangolo mourut; à celui-ci succéda son fils Sounsa. Puis Sounsa quitta Niamina pour aller s'établir dans une ville que les gens ont appelée du nom de celui qui s'y était établi, la nommant *Sounsana* (3). Ensuite il lui naquit un fils qu'on appela Mansa et que les gens ont nommé Sounsa Massa (4).

(1) Peut-être ce mot, que je transcris tel qu'il est vocalisé dans le manuscrit arabe, désigne-t-il, dans l'esprit de l'auteur, le pays des Berbères; peut-être aussi est-il mis pour *Bambara*.

(2) Sur la rive gauche du Niger, entre Koulikoro et Ségou.

(3) *Sounsana* peut en effet signifier en banmana « chez Sounsa »; le village en question, plus connu sous le nom de Sountian, se trouvait près de Mourdia, dans le Niamala, au Nord de Niamina; c'est vers 1670 qu'il convient de placer l'installation de Sounsa à Sountian.

(4) C'est-à-dire « Massa fils de Sounsa »; les traditions indigènes font souvent de Sounsa et de Sounsa-Massa un même personnage, auquel elles donnent le titre de *massa* ou *mansa*, qui signifie « roi » en banmana; c'est ainsi que le mot *massasi* ou *mansassi* doit être interprété comme signifiant « descendance de roi » et non pas « descendance d'un nommé Massa ».

Celui-ci prit de l'âge et de la vie et engendra soixante-sept garçons et soixante-seize filles, dont un fils et une fille seulement moururent de son vivant. Ses enfants prirent de l'âge, et tous étaient beaux, grands et de teint clair. Ses filles furent demandées en mariage par les fils des rois, mais il les leur refusa, disant : « Personne n'épousera une de mes filles à moins qu'il n'habite dans la ville. » Alors les fils des habitants de la ville vinrent les demander en mariage et il les maria avec eux. Puis il enjoignit à ses enfants de ne jamais se marier entre hommes et femmes du clan des Mansassi, depuis le temps d'alors jusqu'à la fin du monde; et en effet, jusqu'à maintenant, un Mansassi n'épouse pas une Mansassi (1). Ensuite ils cultivèrent la terre et ainsi accrurent leur richesse et améliorèrent leur situation; puis ils se mirent à faire des incursions chez leurs voisins, mangeant la chair des troupeaux qu'ils trouvaient; bientôt il vint auprès d'eux des gens de toutes les directions. Il arriva qu'on les appela *Mansassi*, c'est-à-dire « semence de Mansa » (2).

Mansa mourut. Il vivait depuis cent-quarante-sept ans lorsqu'il vint à mourir. Il fut remplacé sur le trône par son fils Sounsa, lequel mourut à l'âge de cent soixante et un ans et fut remplacé par son fils Béni Falé, qui régna sur les Mansassi pendant vingt ans. Béni Falé (3) fut remplacé

(1) Ce cas d'exogamie n'est pas spécial aux Mansassi : il existe dans la plupart des familles royales du Soudan, par exemple dans celle des Sissé-Tounkara chez les Soninké et celle des Keïta-Mansaré chez les Malinké ; on n'en trouve pas trace dans les clans ou fractions de clan qui n'ont pas fourni de familles royales.

(2) Ou plutôt « semence de roi », ainsi que je l'ai expliqué dans une note précédente.

(3) C'est avec ce souverain, connu aussi sous le nom de Bemfa, que commence réellement la période historique des Massassi ; son règne doit se placer entre 1680 et 1700, ce qui, si l'on place la fondation de Sountian vers 1670, réduirait à une dizaine d'années une période qui, d'après l'auteur, aurait duré 308 ans bien que n'ayant compris que deux règnes.

par son frère Foulakoro pendant quinze ans (1). Ensuite arriva une armée venue de Ségou qui combattit les gens de Sounsana et les vainquit ; tous les Mansassi furent tués, à l'exception de quatre hommes qui furent tout ce qui resta de la lignée royale. Ceux-ci s'enfuirent de Sounsana dans la direction du Kaarta-Binné (2) et firent halte chez le chef des gens du Kaarta, qui s'appelait Soroko Diouné : c'est l'ancêtre du clan soninké connu sous le nom de Dâbo; ils s'établirent auprès de lui et se mirent à cultiver les champs, accroissant ainsi leurs richesses. Puis ils construisirent en ce lieu une enceinte immense et, lorsqu'ils apercevaient des armes telles que des fusils ou d'autres encore, ils les achetaient et les introduisaient dans leur enceinte à l'insu de tous les Soninké, tellement que leur demeure finit par être pleine de fusils.

Les choses continuèrent ainsi jusqu'à l'arrivée de gens du Fouta qui venaient de l'Est et avaient avec eux 120 esclaves mâles; ces gens descendirent chez le roi du Kaarta. Lorsque le soleil fut couché, Diouné leur ordonna de faire entrer leurs esclaves dans la maison des Mansassi, afin qu'ils ne pussent s'enfuir grâce à la disposition de l'édifice, et ils firent ainsi. Quand les esclaves furent entrés dans leur maison, les Mansassi leur dirent : « Approchez, que nous contractions un engagement sous la foi du serment. » Ils s'approchèrent, et les Mansassi dirent : « Nous allons tromper vos maîtres et nous vous délivrerons d'eux si vous consentez à exécuter ce que nous vous demanderons. » Les esclaves posèrent la condition suivante : « Serons-nous vos égaux dans votre Etat? — Oui, dirent les Mansassi, en

(1) De 1694 à 1700 probablement.
(2) Ou « Kaarta noir » en soninké ; c'est la partie du Kaarta en bordure de la rive droite du Baoulé, à l'Ouest-Sud-Ouest du Niamala.

toute chose, sauf en ce qui concerne la prééminence qu'entraîne notre lignage; mais nos filles vous épouseront et nous épouserons vos filles, et, lorsque nous ferons campagne avec vous, tout ce que vous ramasserez en fait de butin sera à vous sans partage. » Alors ils conclurent un accord sur ces bases par serment et, lorsqu'ils eurent juré, les Mansassi remirent à chacun des esclaves un fusil et partagèrent la poudre entre eux.

Quand le jour se leva, les maîtres des esclaves vinrent pour faire sortir leurs esclaves de la maison des Mansassi, mais ceux-ci s'y refusèrent; ils retournèrent alors auprès du roi du Kaarta et lui racontèrent la chose. Le roi envoya quelqu'un aux Mansassi, mais ceux-ci refusèrent encore. Le différend ayant pris de l'intensité, Soroko Diouné ordonna de lui amener de force les Bambara. Mais, lorsque ses envoyés arrivèrent dans le but de s'emparer d'eux pour les amener au roi, ils les trouvèrent qui avaient fermé leur porte et empêchaient les gens d'approcher d'eux; quand les Bambara virent que, malgré cela, les gens du roi cherchaient à arriver jusqu'à eux, ils les reçurent à coups de fusil. Ensuite ils firent la guerre aux gens du Kaarta; ceux-ci eurent le dessous et laissèrent les Mansassi dans leur maison. Lorsque ces derniers en sortirent de leur propre volonté, les Soninké du Kaarta s'enfuirent au Kingui et s'établirent dans le village de Tourougoumbé (1).

Plus tard, les Mansassi quittèrent le Kaarta pour aller au village de Guémou (2). On les redoutait : les Diawara leur envoyèrent en cadeau sept jolies femmes et sept chevaux de race; les

(1) L'histoire des esclaves transformés en guerriers est mise généralement au compte du roi mansassi Dessékoro, qui vécut beaucoup plus tard et reçut en 1796 l'explorateur Mungo Park.

(2) Dans le Diangounté, au Nord-Est du Kaarta; il existe plusieurs autres villages du même nom dans le Soudan occidental.

Diawando leur envoyèrent en cadeau trois belles génisses, et les Touré (1) leur envoyèrent en offrande des grains et des poules. Ensuite ils se transportèrent du côté du Guidioumé (2), ayant à cette époque comme chef Siéba Mana (3), et campèrent en cette province : les gens du Guidioumé leur apportèrent en offrande deux mille mesures de grain; puis vinrent les gens du Diafounou, leur apportant en offrande un cheval de race et cinq cents mesures de grain. Ensuite ils partirent de cette région et allèrent camper au village de Mounia (4). Dans ce temps-là vivait un roi nommé Demba Séga (5), ancêtre du clan des Khassonké connu sous le nom de Diallo ; il entendit dire que les Mansassi allaient venir s'installer dans son royaume s'il ne les empêchait d'approcher de son territoire. Sur ces entrefaites, les Mansassi lui envoyèrent dire qu'ils lui demandaient à venir camper au village de Marinna (6) à cause de l'existence en ce lieu d'arbres appelés *baloummé* (7), parce qu'ils étaient en proie à la famine ; Demba Séga rejeta leur requête. Alors ils s'avancèrent de leur propre autorité et sans l'autorisation du maître du territoire ; lorsque Demba Séga eut appris qu'ils s'avançaient ainsi sur son territoire, il leva une grande armée et l'expédia contre eux. Cette armée se rencontra avec eux en un endroit appelé Dialakho (8) et il

---

(1) Nom d'un clan composé de musulmans en majeure partie.
(2) Province située à l'Ouest de Nioro.
(3) Ce prince est connu généralement sous les noms de Sié Banmana et de Sébé; si on le considère comme le successeur de Foulakoro, il aurait régné de 1709 à 1760 environ.
(4) Dans le Diafounou et à peu près au Nord de Koniakari.
(5) C'était le roi du Khasso, qui résidait alors à Koniakari ; il reçut Mungo Park dans cette ville en 1796 et fonda Médine, sur le Sénégal, en 1810.
(6) Plus loin, le mot est vocalisé *Marinné;* il s'agit sans doute d'un village situé dans la région de Koniakari.
(7) Nom soninké d'un arbre dont les fruits sont comestibles.
(8) Près et au Nord-Est de Koniakari.

se livra là entre eux un violent combat; les Bambara furent vainqueurs des Khassonké, qui s'enfuirent en déroute vers la ville de Koniakari. Puis les Bambara se transportèrent au village de Marinna pour manger les fruits de l'arbre précité durant l'été jusqu'à ce que l'automne fût arrivé.

Ensuite Séba Mana envoya son frère Mansa Bakari, que les Bambara appellent Bodian, auprès du souverain du Fouta, — le souverain qui régnait à cette époque descendait directement de celui connu sous le titre de Satigui et appartenait au clan des Bah (1) — pour lui demander une armée en échange d'une grande quantité d'or; les gens du Fouta acceptèrent le marché et Mansa Bakari amena une grande armée jusqu'à proximité du village de Marinna; puis il expédia un messager à son frère Siéba Mana pour lui dire qu'il arrivait avec l'armée. Alors Siéba Mana sortit en personne avec toute sa tribu pour se porter à la rencontre de l'armée qui arrivait de la direction du Fouta. Lorsque Siéba Mana voulut passer une rivière qui se trouve par là et qu'on appelle Kholembinné (2), son cheval, effrayé par la foule, se dressa sous lui; la pointe de l'arçon de devant transperça son ventre; il tomba à terre et mourut. La durée de son règne sur les Mansassi avait été de trois ans (3).

Alors on proclama roi son frère susnommé Mansa Bakari (4). Ce dernier partit de là avec toute l'armée, se dirigeant vers l'Est, jusqu'à ce

(1) Nom d'un clan peul.

(2) La « rivière noire » en langue soninké; c'est un affluent du Sénégal qui sort de la région de Nioro, passe à l'Ouest de Koniakari et se jette dans le fleuve un peu en aval de Kayes.

(3) Parce que l'auteur fait commencer son règne seulement au moment de l'arrivée des Massassi dans le Guidioumé, c'est-à-dire vers 1754. L'histoire de ce prince, telle qu'elle est racontée par l'auteur, ne coïncide d'ailleurs pas exactement avec ce que rapportent de lui les traditions recueillies oralement au Soudan.

(4) Ce prince est omis par les traditions orales.

qu'il fût arrivé au village de Niamana (1), puis il fit la guerre aux gens de ce village et, après un violent combat, il revint sur ses pas avec son armée, s'empara de nombreux villages appartenant aux gens de Niamana et qu'on évalue à soixante, et emmena les habitants de ces villages dans la province du Kingui. Quand ils y furent arrivés, les Mansassi furent acceptés comme maîtres par toutes les tribus du pays sur lequel régnaient les Diawara, c'est-à-dire par les gens du Kaarta, les gens du Bàkhounou, les gens du Guidioumé, les gens du Diafounou, et d'autres et d'autres encore. La ville de Guémou (2) devint la résidence du roi. C'est après cela que mourut Mansa Bakari, dont le règne avait duré deux ans.

Il fut remplacé par un homme de la famille, appelé Danbâbo, qui régna sur eux pendant trois ans (3). Après sa mort, Sirabo régna sur eux pendant vingt-sept ans (4), et, durant ce laps de temps, il ravagea dix-neuf villes; c'est lui qui agrandit le royaume des Mansassi. Il établit la coutume suivante, qui dura pendant tout son règne : chaque fois qu'un Mansassi engendrait un enfant mâle, cet enfant lui était amené par son

---

(1) Ou Niamala, chef-lieu de la province de ce nom, au Sud de Goumbou.

(2) Le Guémou dont il s'agit ici est situé à la limite sud du Kingui, au Sud-Sud-Ouest de Nioro.

(3) Il s'agit du roi appelé communément Dénimbâbo, dont on place le règne entre 1760 et 1780.

(4) Selon les traditions recueillies par Mage et par des voyageurs plus récents, la succession des princes massassi serait approximativement la suivante : Foulakoro (1700-1709), Siébamana (1709-1760, en comprenant entre ces dates l'interrègne qui suivit la défaite de Foulakoro par le roi de Ségou), Dénimbâbo (1760-1780) et Sirabo (1780-1789). Si l'on accepte pour exacte la date de 1789 pour la mort de Sirabo, date que nous devons à Mungo Park, lequel traversa le pays cinq ans seulement après la mort de ce prince, et si l'on accepte le comput de l'auteur du manuscrit arabe, il convient de rectifier ainsi ces dates : Foulakoro (1694-1709), interrègne (1709-1754), Siébamana (1754-1757), Bakari (1757-1759), Danbâbo (1759-1762), Sirabo (1762-1789).

père dès qu'il avait été sevré ; il adoptait tous ces enfants et pourvoyait à leur entretien. Il avait construit une haute et large enceinte et il enfermait dedans les jeunes Mansassi avec des servantes qui les lavaient matin et soir ; il tuait pour eux une vache stérile le matin et le soir, et, lorsqu'on avait fini de dépouiller la bête, les jeunes Mansassi venaient prendre la viande et la mangeaient crue en attendant qu'on leur en fît rôtir d'autre, puis ils mangaient celle-ci encore, jusqu'à ce qu'ils fussent rassasiés ; puis ils luttaient ensemble corps à corps jusqu'à ce qu'ils n'en pussent plus, et alors les servantes les lavaient ; ensuite, ils luttaient entre eux à la course jusqu'à ce qu'ils fussent fatigués et alors retournaient manger. Telle était leur habituelle façon de vivre jusqu'à ce qu'ils eussent atteint l'âge de douze ans et fussent tous devenus des hommes faits. Chacun de ceux qui avaient atteint l'âge de douze ans recevait du roi un cheval de race et un bon fusil, ainsi qu'un palefrenier, un harnachement complet pour le cheval et un vêtement pour lui-même, et il retournait chez son père. C'est ainsi que se conduisit Sirabo vis-à-vis des Mansassi et qu'il parvint à accroître leur puissance. Ils demeurèrent en cette situation jusqu'à ce qu'il mourut.

Dessékoro lui succéda et régna sur eux pendant treize ans (1) ; durant ce laps de temps, il ravagea dix-huit villes, puis il mourut. Après la mort de Dessékoro, le pouvoir échut à Mossokourabo (2), qui régna pendant neuf ans et ravagea quatre villes (3) durant ce laps de temps. Après quoi, il mourut et fut remplacé par Téguékoro, qui

(1) De 1789 à 1802. Ce fut ce prince qui reçut en 1796 à Guémou la visite de Mungo Park.
(2) Ou Moussa Kourabo, 1802-1811.
(3) Dont Koniakari.

régna pendant trois ans (1) et ravagea neuf villes durant cette période ; ce fut lui qui s'installa au Guidioumé et résida dans la ville de Yélimâné (2). Après quoi, il mourut et fut remplacé par Sakhaba, qui régna pendant quatre ans (3), sans faire aucune expédition guerrière. Après sa mort, Bodian-Moriba lui succéda et régna pendant dix-sept ans (4) ; durant ce laps de temps, il fit la guerre à quatre villes et les saccagea. Puis il mourut et fut remplacé par Niagalé-Garan, qui régna pendant onze ans (5) et ravagea treize villes durant cette période. Après sa mort, Mâmadi Kandia lui succéda et régna pendant onze ans (6) ; ce fut lui qui quitta Yélimâné pour aller dans la ville de Nioro, où il demeura jusqu'à l'arrivée d'El Hadj Omar, lequel anéantit la puissance des Mansassi.

C'était la coutume des Bambara-Mansassi, au temps où ils détenaient le pouvoir, de prélever chaque année sur les Diawara un tribut de dix chevaux de race et de sept belles femmes, sur les Diawando un tribut annuel de cent génisses, sur les gens du Guidioumé un impôt annuel de 10.000 mesures de grain et sur les gens du Diafounou un impôt de 2.000 mesures de grain et de deux chevaux de race. Lorsqu'ils faisaient une expédition militaire, ils partageaient le butin en deux parts : une part pour le roi et la part restante pour l'armée. Cette situation dura jusqu'au jour où les Diawara refusèrent de payer leur tribut, à la suite de quoi éclata entre eux et les Mansassi une guerre qui se prolongea pendant

(1) 1811-1815.
(2) A l'Ouest de Nioro.
(3) 1815-1818.
(4) 1818-1835.
(5) 1835-1844, soit dix ans au maximum, d'après les renseignements recueillis par nos officiers et administrateurs.
(6) 1844-1854.

sept ans sans que l'un des adversaires pût aboutir à vaincre l'autre; alors arriva El Hadj Omar avec son armée : il leur fit la guerre aux uns et aux autres, les vainquit et régna sur leur pays.

Tels sont les faits qui nous sont parvenus touchant l'histoire du royaume des Mansassi, d'après ce que nous avons recueilli de la bouche des gens bien disants et des conteurs. Dieu est celui qui complète la vérité : tout vient de lui et retourne à lui. Fin.

VI

Histoire d'El Hadj Omar.

Histoire du gouvernement d'El Hadj Omar ; que Dieu lui marque sa satisfaction!

D'après ce que nous avons entendu de la bouche des gens bien disants, voici ce qu'on dit d'El Hadj Omar fils de Saïdou, appelé le Fouti (1), le Torowi (2), le Guédéoui (3), d'après son pays, sa tribu et sa province. Lorsqu'il eut atteint l'âge de vingt-sept ans, il quitta le village de Halouâr (4) et se mit en route dans la direction de l'Orient, dans l'intention d'accomplir le pèlerinage de La Mecque; la faveur du destin l'ayant amené jusque là, il y accomplit le divin pèlerinage. Ensuite il en repartit au bout d'un certain temps, se dirigeant du côté de l'Occident, et atteignit la ville de Sokoto dans le pays du Haoussa, dont le sultan était alors Mohammed Bello fils de Ousmân Fodié. Il fit halte en cet endroit et ce

(1) C'est-à-dire né au Fouta.

(2) C'est-à-dire d'une tribu du Toro.

(3) C'est-à-dire de la province de Guédé ou province de Podor.

(4) Ou Aloar, village natal d'El Hadj Omar, situé près et à l'Est de Podor.

sultan le reçut avec de grands égards ; il demeura chez lui pendant trois ans, ou plus longtemps selon le dire de certains, faisant des expéditions militaires pour le compte du sultan jusqu'à ce qu'il fût devenu maître d'une richesse considérable en fait d'esclaves et d'autres biens.

Les gens du Fouta ayant appris la nouvelle de sa présence en ce lieu, un de ses frères, plus âgé que lui et connu sous le nom d'Alfa Ahmadou fils de Saïdou, se rendit auprès de lui en cet endroit et en repartit avec lui et ses gens, tous se dirigeant du côté du Fouta. Ils atteignirent la province du Massina, dont le sultan se nommait Ech Cheikh Ahmadou Bâlobbo (1) ; ils descendirent chez ce dernier, qui les reçut avec honneur, mais ensuite voulut tuer El Hadj Omar par traîtrise. Pour cela, il expédia des gens qu'il fit cacher dans la brousse sur le chemin qu'El Hadj Omar se proposait de suivre, afin qu'ils pussent tuer ce dernier. Lorsqu'El Hadj Omar partit, le sultan du Massina partit avec lui et l'accompagna jusqu'à une certaine distance de la capitale, puis ce sultan — c'est-à-dire Ech Cheikh Ahmadou Bâlobbo — revint à sa capitale après qu'ils se furent serré la main tous les deux. Mais, comme Ech Cheikh retournait sur ses pas, El Hadj quitta le chemin qu'il avait suivi jusque-là, prit un autre chemin dans la direction de Saro (2) et ne fut pas aperçu par les gens appostés pour le tuer. Ensuite il marcha jusqu'à ce qu'il eût atteint la ville de Saro et il y fit halte.

Cependant les envoyés d'Ech Cheikh revinrent auprès de ce dernier et lui firent connaître qu'ils n'avaient rien aperçu ; alors Ech Cheikh expédia

(1) Ou, selon la prononciation locale Sékou Hamadou Lobbo (et non « Bâlobbo », comme l'écrit à tort l'auteur), c'est-à-dire Sékou (ou le Cheikh) fils de Hamadou fils de Lobbo.

(2) Ou Sarro, sur la route de Hamdallahi (capitale du Massina) et de Dienné à Ségou.

un messager au chef de la ville de Saro pour lui dire de tuer El Hadj par traîtrise, mais ce messager le trouva parti déjà de la ville de Saro.

Alors les gens de Saro envoyèrent dire au souverain du territoire de Ségou, c'est-à-dire au roi de Ségou connu sous le nom de Ali Diara (1), de tuer El Hadj, parce que la vie de ce de dernier était un gros souci au cœur d'Ech Cheikh. Mais El Hadj Omar était déjà parti de Ségou, avait passé le fleuve (2) et avait fait halte dans la ville de Niamina. Lorsque le roi de Ségou apprit la nouvelle de sa présence en ce lieu, il expédia ses gens vers lui pour qu'ils s'emparassent de lui par force et le lui amenassent; les envoyés du roi arrivèrent jusqu'à El Hadj, s'emparèrent de lui et l'amenèrent au roi de Ségou qui, dès qu'ils le lui eurent amené, l'emprisonna dans une prison solide où il resta trois mois. Au bout de ce temps, une sœur du roi de Ségou, connue sous le nom de Nia Diara, dit à son frère : « Mets en liberté ce savant, de peur que tu ne perdes ton autorité auprès des rois; car tu sais que le roi du Massina est un savant comme lui : alors, qu'est-ce qui l'a empêché de le tuer? Laisse-le donc aller, afin que nous ne soyons pas anéantis avant l'anéantissement du monde. » Le roi y consentit, mit El Hadj en liberté, le combla d'égards et lui remit une quantité d'or et de richesses tellement considérable que Dieu seul pourrait en imaginer la valeur.

Ensuite El Hadj quitta Ségou avec ses gens, se dirigeant du côté du Mandé. Avant qu'il y fût parvenu, le roi de Ségou envoya quelqu'un au

---

(1) L'auteur fait ici une erreur; ces événements ont dû se passer au plus tard en 1838 : ce n'était pas alors Ali Diara qui régnait à Ségou, mais son frère Tiéfolo (1827-39); Ali ne monta sur le trône qu'en 1856.

(2) Le Niger.

roi du Mandé dans la ville de Kangaba (1), pour lui dire de tuer El Hadj par traîtrise. Lorsqu'il eut reçu ce message, le roi du Mandé s'avança hors de sa capitale avec ses gens ; ils rencontrèrent El Hadj Omar dans la brousse et lui témoignèrent tous les égards possibles ; puis ils marchèrent ensemble jusqu'à Kangaba. Le roi fit descendre El Hadj dans sa propre maison et lui dit : « Les gens de Ségou m'ont conseillé de te tuer, mais j'ai dit : qu'est-ce qui vous a empêchés de le tuer vous-mêmes au lieu de me donner le mandat de le faire ? » Puis El Hadj Omar demeura là pendant six mois ; le souverain de Kangaba avait construit une habitation pour lui et cette habitation existe encore de nos jours en ce lieu.

Ensuite les gens de Kankan (2) apprirent la nouvelle de sa présence en cet endroit, et le chef de cette ville, connu sous le nom d'Alfa Mahmoudou Kaba, qui fut le père de Daï Kaba, se rendit à Kangaba auprès d'El Hadj Omar pour s'instruire à son école et il fut son élève et son disciple pendant trois mois. Puis il partit avec lui et ses gens pour la ville de Kankan et y donna l'hospitalité à El Hadj, qui demeura chez les gens de Kankan, leur donnant l'instruction et l'initiation (3), pendant sept ans.

Ensuite il quitta cet endroit, se dirigeant vers Baléya (4), où il s'arrêta quelque temps. Puis il quitta ce lieu, se dirigeant vers l'Ouest, et atteignit le village de Diégounko (5), où il fit halte.

---

(1) Sur la rive gauche du Niger, en amont de Bamako ; Kangaba était redevenue la capitale du Mandé après les conquêtes de Biton Kouloubali, empereur de Ségou, dans la région de Niamina, vers la fin du XVIIe siècle.
(2) Ville de la Haute-Guinée.
(3) A la confrérie des Tidjania, à laquelle appartenait El Hadj.
(4) Village de la région de Kouroussa.
(5) Dans la région de Dinguiray, à la frontière orientale du Fouta-Diallon.

Le chef de Diégounko, connu sous le nom de Mohammadou Diah, lui fit sa soumission, et El Hadj demeura là pendant trois ans. Les gens du Fouta-Diallon s'opposant à ce qu'il passât sur leur territoire à moins qu'il n'obtînt un sauf-conduit, il laissa à Diégounko les personnes à sa charge, ainsi que les richesses qu'il avait rapportées des pays de l'Est, entre les mains de ce chef (1), puis il partit de là, fit halte au village de Touba (2) où il demeura une semaine, c'est-à-dire sept nuits, puis en repartit et atteignit le pays du Pakao (3), où il fit halte au village de Karantaba (4). Il trouva là un savant doué du don de *baraka*, qui s'appelait Modi Mohammed Pakao et qui était à la tête d'une nombreuse confrérie se montant à quatre-vingts hommes ou plus encore; lorsque ce savant eut vu El Hadj, il lui fit sa soumission, devint son élève et son disciple et quitta sa confrérie, ses gens et sa maison pour suivre El Hadj Omar.

Ensuite El Hadj partit de là pour se rendre dans le pays du Fouta et, dans toutes les provinces qu'il traversait, les gens illustres parmi les hommes de science le reconnaissaient pour chef et devenaient ses élèves et ses disciples, et ainsi le nombre de ses compagnons s'accrut de façon illimitée. Enfin il s'arrêta au village de Halouar; tous les gens originaires du Fouta, tant les princes que les autres, apprenant la nouvelle de son arrivée, vinrent de toutes parts pour le saluer. Après cela, il s'enferma pendant quarante jours dans un lieu solitaire où personne ne pouvait le voir. Puis il en sortit un jour et expédia

(1) C'est-à-dire de Mohammadou Diah.
(2) A la limite septentrionale du Fouta-Diallon.
(3) Dans le Nord de la Guinée portugaise actuelle, entre le Géba et la Casamance.
(4) Au Sud de la Haute Casamance, près de la frontière Nord de la Guinée portugaise.

de nombreuses lettres qu'il avait écrites à toutes les tribus du Fouta pour leur ordonner de faire la guerre sainte aux infidèles et dans lesquelles il leur faisait connaître ce que Dieu lui avait promis. Mais les hommes âgés ne répondirent pas à son appel, tandis que tous les jeunes gens le reconnurent pour chef.

Ensuite il partit de là, faisant transporter ses bagages par les gens de chaque village jusqu'au village suivant, et arriva ainsi à la ville de Bakel ; le commandant de Bakel (1) lui interdit pendant quelques jours l'accès de la ville, puis il consentit à l'y laisser entrer, le combla de tous les égards possibles et lui donna de nombreux cadeaux. Ensuite El Hadj se transporta de là dans la direction du Boundou (2) et fit halte près de Boulébani (3), sous un grand arbre qui se trouvait là et qu'on appelle *dialaba* (4) ; chaque fois qu'un sultan du Boundou venait à être remplacé, les gens du pays se rendaient auprès de cet arbre, et c'est sous cet arbre qu'ils proclamaient son successeur. Lorsque El Hadj Omar eut fait halte en cet endroit, le sultan du Boundou, connu sous le nom d'Almâmi Saada, se rendit auprès de lui pour le saluer, lui rendit hommage et mit sa propre personne et celles de ses enfants sous sa dépendance.

Ensuite El Hadj partit de là et alla camper au village de Goundiourou (5), dans le voisinage de Kayes (6), où il demeura pendant trois mois. Ensuite il en repartit, se dirigeant du côté de la

---

(1) C'était M. Hecquard (1847).

(2) Province située au Sud de Bakel, sur la rive gauche de la Falémé.

(3) Village situé à une cinquantaine de kilomètres au Sud de Bakel.

(4) En malinké « grand caïlcédrat ».

(5) Dans le Nord du Bambouk.

(6) *Khaï* dans le texte, ce qui est l'orthographe correspondant à la prononciation locale.

province de Niokholo (1) ; arrivé là, il traversa le fleuve (2) en un endroit appelé Lombiridi-Bani, continua sa route jusqu'au village de Diégounko (3) et descendit chez le chef de ce village, le nommé Mohammadou Diah Sâro Bou Ouali (4), le même entre les mains duquel il avait laissé les personnes à sa charge. Lorsqu'il fut arrivé là, beaucoup de gens du Fouta-Diallon lui firent leur soumission.

Ensuite il demanda au souverain de Tamba (5) l'autorisation de s'établir sur l'emplacement de Dinguiray (6) qui, à cette époque, était une forêt. Le chef de Tamba la lui refusa, à moins qu'El Hadj ne lui achetât le terrain au prix qu'il lui fixerait. Après des pourparlers au sujet de cette affaire, ils tombèrent d'accord et El Hadj Omar lui acheta le terrain contre de l'or. Puis il partit de Diégounko pour Dinguiray, où il commença à édifier des maisons. Une fois installé, il instruisait ses disciples matin et soir. Lorsqu'il trouvait à acheter des armes, soit des fusils, soit des sabres, soit des flèches, soit des lances, il achetait toutes les armes qu'il trouvait. Quand le roi de Tamba eut constaté cela, il lui dépêcha ses ministres, qui étaient au nombre de douze cavaliers et parmi lesquels était un jeune homme nommé Diéli Moussa, afin qu'ils l'empêchassent — c'est-à-dire lui défendissent — d'acheter des armes. Lorsqu'ils furent arrivés à Dinguiray, ils descendirent chez El Hadj, qui les traita avec

---

(1) Au Sud du Boundou, entre la Falémé et la haute Gambie.
(2) Probablement la Gambie.
(3) Le texte porte ici *Diégniko*.
(4) Les trois mots qui suivent « Mohammadou Diah » ont été ajoutés dans le texte en interligne.
(5) Ville située sur la rive droite du Haut-Bafing, à l'Ouest du Bouré.
(6) A l'Est du Fouta-Diallon, sur la rive gauche du Tinkisso.

égards, tua pour eux une vache stérile bien grasse et les combla de beaux présents. Or, sur ces entrefaites, le cœur de Diêli Moussa se tourna vers la foi musulmane, et il dit à El Hadj Omar : « Je viens à Dieu, à toi et à l'islam. » Alors El Hadj Omar lui rasa la tête et lui mit un bonnet (1). Lorsque les envoyés se disposèrent à retourner auprès du roi de Tamba, qui s'appelait Guimba, Diêli Moussa refusa de partir avec eux, et ils dirent : « Il faut absolument que nous le ramenions au roi. » Tandis qu'ils se disputaient à ce sujet, El Hadj Omar eut une entrevue secrète avec Diêli Moussa et lui dit : « Pars avec eux : lorsque vous serez arrivés dans un endroit désert, tu t'enfuiras de leur compagnie en cachette et tu reviendra auprès de moi. » Puis El Hadj Omar lui donna l'ordre de retourner avec les envoyés du roi et ils prirent le chemin du retour. Lorsqu'ils furent loin dans la brousse, Diêli Moussa leur dit : « Tenez-moi mon cheval, je suis pris d'un besoin. » Puis il s'écarta du chemin, entra dans la forêt et prit la fuite ; après avoir attendu longtemps, ils l'appelèrent et ne le virent pas. Alors ils continuèrent leur route et arrivèrent chez Guimba, qu'ils mirent au courant de ce qui était arrivé au cours de leur voyage, ainsi que de la conversion de Diêli Moussa à l'islamisme, de son refus de revenir avec eux et du stratagème grâce auquel il s'était enfui de leur compagnie sur la route. Lorsque Guimba eut entendu ce rapport, il envoya d'autres gens auprès d'El Hadj Omar pour qu'il remît Diêli Moussa entre leurs mains. Quand ils furent arrivés à Dinguiray et qu'ils eurent exposé la chose à El Hadj Omar, celui-ci leur dit : « Jamais je

(1) Ce bonnet imposé par El Hadj Omar aux nouveaux convertis était à la fois une marque de leur nouvelle foi religieuse et une sorte d'insigne de commandement ; c'était en général un bonnet tronconique de cotonnade blanche.

ne le ferai revenir sur la foi jurée : s'il consent à vous obéir en cela, c'est lui qui sera le juge par-dessus moi-même; sinon je ne puis vous le rendre, puisqu'il est musulman. » Et il leur refusa de laisser retourner Diôli Moussa avec eux. Lorsqu'il le leur eut refusé, les envoyés revinrent auprès de Guimba et l'informèrent de la chose. Alors Guimba organisa une expédition contre Dinguiray et mit à sa tête l'un de ses ministres, et cette expédition s'avança jusqu'à proximité de la ville d'El Hadj Omar.

Ce dernier avait élevé une construction sur le sommet de sa maison ; lorsqu'on l'avisa de l'approche de l'armée, il ordonna à ses gens d'entrer dans sa maison et leur interdit de tirer avant que l'ennemi ne fût parvenu jusqu'aux murs ; lorsque les gens de Guimba furent arrivés aux murs, les gens d'El-Hadj tirèrent sur eux et, à la suite du combat, El Hadj Omar demeura vainqueur et ses ennemis s'enfuirent en déroute jusqu'à Tamba. Ensuite Guimba leva en personne une grande armée, s'avança à sa tête vers Dinguiray et livra le combat; mais il fut vaincu par El Hadj Omar et fut mis en déroute avec son armée, fuyant devant son vainqueur; El Hadj Omar les poursuivit, les força à s'enfermer dans la ville de Tamba et organisa autour de la ville un blocus solide; chaque jour avait lieu un combat en avant de la ville, qui se terminait par la victoire d'El Hadj Omar, après quoi les gens de Tamba rentraient dans leur ville. Le siège se prolongea pendant une durée de trois mois. Lorsque la durée du siège parut longue aux gens de Tamba, Guimba envoya un messager auprès du chef du Dialo (1), qui résidait dans le village

(1) Ou Ménien, province située entre le Haut-Bafing et le Haut-Bakhoy, à l'Est de Tamba et à l'Ouest du Bouré.

de Goufoudé (1) et se nommait Bandiougou, pour lui dire de s'avancer avec son armée et de détourner de lui El Hadj Omar. Bandiougou s'avança vers Tamba avec son armée et livra un combat à El Hadj Omar et, à la faveur du combat, Guimba sortit avec tout son monde, sa famille et ses biens, et s'enfuit vers le village de Goufoudé avec les gens de ce dernier village. Alors El Hadj Omar retourna dans la ville de Dinguiray.

Lorsque les gens de Tamba furent arrivés dans le pays du Dialo, le chef de Tamba et le chef de Goufoudé se préparèrent en secret à se trahir l'un l'autre et, quand les gens de Tamba furent entrés dans le village de Goufoudé, Bandiougou les trahit, tua Guimba par traîtrise et prit possession de ce qu'avait ce dernier et de tout son royaume. Lorsqu'El Hadj Omar eut connaissance de cela, il envoya dire à Bandiougou de lui remettre le butin qu'il avait ramassé sur les gens de Tamba, mais Bandiougou refusa d'obtempérer à ses ordres; car ce que ce dernier avait recueilli antérieurement en fait de fusils et de poudre l'emportait encore sur ce qu'il avait pris aux gens de Tamba et c'est là ce qui lui donnait de la hardiesse. Lorsque la nouvelle en parvint à El Hadj Omar, il attendit que les pluies d'automne fussent passées et, quand arriva l'époque de la belle saison, il leva des troupes pour marcher contre Goufoudé et s'avança avec elles jusqu'à ce qu'il eût atteint ce village; il livra aux habitants un violent combat, détruisit le village, s'empara de Bandiougou, de ses trois frères et de ses deux fils et les mit à mort; puis il prit possession des deux butins (2) et des deux territoires, c'est-à-

(1) Chef-lieu du Dialo ou Ménien.

(2) Celui provenant de Tamba et celui provenant de Goufoudé même.

dire du territoire de Tamba et du territoire du Dialo.

Ensuite, les gens de Diâgha (1), ayant appris les nouvelles concernant El Hadj Omar, lui envoyèrent un messager nommé Bakari Souaré pour le prier de se rendre auprès d'eux, parce qu'ils se trouvaient habiter au milieu d'un pays peuplé d'infidèles. El Hadj Omar se prépara à marcher vers cette ville avec son armée, et il envoya Alfa Omar, fils de Tierno Boïla, dans le pays du Fouta pour y recruter une autre armée. Puis El Hadj Omar se dirigea vers la ville de Diâgha et, avant d'y arriver, il pilla quatre des villages peuplés d'infidèles et mit en fuite les autres; enfin il arriva à la ville de Diâgha, mais ne trouva pas un seul des habitants dans la ville, car ceux-ci s'étaient enfuis et réfugiés dans les grottes des montagnes, par peur d'El Hadj Omar. Celui-ci dit à Bakari Souaré : « C'est là une merveille parmi les merveilles de Dieu, que des gens appellent quelqu'un à leur aide pour combattre les infidèles et se sauvent devant lui avant même qu'il ne soit arrivé chez eux! » Il demeura là quelque temps, puis en partit et retourna sur ses pas avec son armée du côté du village de Sérimana (2), et, jusqu'à maintenant, Dieu n'amena aucune rencontre entre El Hadj Omar et les gens de Diâgha.

Il se rendit maître du village de Sérimana et s'y installa; puis il prit les *Dioula* (3) qui s'y trouvaient et les envoya au village de Farbanna (4)

---

(1) Je ne sais pas exactement de quelle localité il est question ici; assurément il s'agit d'un village soninké de la basse Falémé.

(2) Dans le Bambouk, au Sud-Ouest de Kayes.

(3) *Dioula* est le nom d'une tribu mandé qu'on rencontre surtout à l'intérieur de la Boucle du Niger et qui se compose principalement de commerçants: par extension, le mot *dioula* est devenu en Afrique Occidentale synonyme de commerçant, et c'est dans ce sens qu'il convient de l'interpréter ici.

(4) Ou Farabana, entre Sérimana et la Falémé.

pour dire aux gens de ce village de venir faire leur soumission; mais ceux-ci s'y refusèrent. Alors il voulut leur faire la guerre, mais les gens du Fouta-Diallon (1) s'y opposèrent, parce que l'accès de ce village leur était interdit depuis le temps de leurs ancêtres et que toute armée du Fouta-Diallon qui s'y serait rendue aurait été anéantie par les gens de Farbanna; or, à cette époque, la plus grande partie de l'armée d'El Hadj se composait de gens du Fouta-Diallon, et la peur était entrée dans cette armée. Alors El Hadj Omar se retira dans un lieu solitaire pendant quarante jours. Le jour qu'il en sortit, il arriva que s'avançaient par là deux armées de gens du Boundou qui étaient en désaccord au sujet du remplacement de leur chef; elles en vinrent aux mains et un combat violent eut lieu entre elles; quand les deux partis apprirent la présence d'El Hadj Omar dans les environs, chacun d'eux se rendit auprès de lui à l'insu de l'autre afin qu'El Hadj Omar lui donnât son appui. Tandis qu'ils approchaient, El Hadj sortit au devant d'eux; ils se rencontrèrent et échangèrent des salutations, puis chacun des chefs des deux partis du Boundou fit connaître à El Hadj Omar ce qui leur était arrivé. El Hadj leur parla à l'un et à l'autre et leur dit : « Demeurez patiemment ensemble jusqu'à ce que nous ayons battu les infidèles, après quoi nous prononcerons entre vous deux lorsque nous saurons lequel de vous deux mérite le commandement et lequel ne le mérite pas. » Et ils laissèrent l'affaire en cet état sans que, jusqu'à maintenant, un mot ait été prononcé au sujet de l'exécution du jugement. Cependant El Hadj Omar, ayant accru ses forces au moyen de cette armée du Boundou, marcha avec elle sur le village de Farbanna; mais il ne

(1) Qui faisaient partie de la troupe d'El Hadj.

trouva pas les habitants dans le village : lorsqu'il arriva, ils s'étaient enfuis déjà et réfugiés dans les grottes des montagnes.

Après cela, El Hadj envoya une armée dans le pays du Gadiaga (1) contre les villages de Makhana et de Kotéra (2); l'armée marcha contre ces deux villages, les attaqua et les détruisit. Ensuite El Hadj Omar se rendit en personne dans le pays du Gadiaga et établit son camp au village de Bongourou (3), dans le voisinage de Kayes. Lorsqu'il s'y fut installé, il expédia une lettre à Alfa Omar fils de Koumba pour qu'il vînt l'aider à combattre les Mansassi ; dès que la lettre lui fut parvenue, Alfa Omar Koumba partit en personne avec ses gens et vint trouver El Hadj au village de Bongourou. Quant à Alfa Omar, fils de Tierno Boïla, qu'il avait envoyé chercher une armée au moment où lui-même était parti dans la direction de Diâgha, il amena lui aussi une troupe nombreuse; les gens du Fouta-Toro (4) se rencontrèrent à Bongourou avec les gens du Boundou et les gens du Fouta-Diallon (5).

Cependant une armée de Bambara arrivait du pays du Kingui, commandée par Niafolo Guéma, fils de Mâmadi Kandia. Les Bambara avaient appris la présence d'El Hadj Omar à Bongourou; lorsqu'ils eurent atteint le village de Bangassi (6), à proximité de Kayes, ils firent halte en cet endroit dans l'intention d'attaquer El Hadj Omar. Lorsque ce dernier en fut informé, il partagea

---

(1) Ou Galam, province située en bordure de la rive gauche du Sénégal, entre Bakel et les environs de Kayes.

(2) Ces deux villages sont situés sur la rive gauche du Sénégal en amont de l'embouchure de la Falémé.

(3) Bongourou est un peu en aval de Kayes et sur la même rive.

(4) Amenés par les deux Alfa Omar.

(5) Qui composaient jusque-là le gros de l'armée d'El Hadj.

(6) Près Kolou ou Khoulou, sur la rive droite du Sénégal, en face de Bongourou.

son armée en deux bataillons. Il donna le commandement de l'un d'eux à Alfa Omar, fils de Tierno Boïla, auquel il ordonna de retourner dans la direction de Diakhadampé (1) et de traverser le fleuve en cet endroit pour se diriger de là sur les Bambara-Mansassi. Lui-même demeura à la tête de l'autre bataillon. Lorsque la troupe d'Alfa Omar eut passé le fleuve au-dessous du village de Diakhadampé, elle avança jusqu'à ce qu'elle fût arrivée au village de Bangassi et livra bataille aux Bambara en cet endroit ; les Bambara furent vaincus et s'enfuirent en déroute vers le village de Soutoukhoulé (2), près de Kayes, où ils rencontrèrent le bataillon qui était sous les ordres d'El Hadj Omar. Une bataille eut lieu entre les deux troupes et, à la suite de ce combat, l'armée des Bambara fut mise en déroute et prit la fuite.

El Hadj Omar alors passa le fleuve en personne et alla camper au village de Khoulou (3), où il fit la prière du coucher du soleil. Ensuite il transporta son camp au village de Kanamakhounou (4), où il arriva au moment de la tombée de la nuit, et il y fit la prière de la tombée de la nuit. Comme il venait d'achever sa prière, arriva Moriba Sâfiré, chef de Séro (5), c'est-à-dire souverain du district septentrional du Diomboko (6), qui fit sa soumission à El Hadj Omar et lui dit : « Donne-moi un délai de trois jours pour que je propage

---

(1) Ou Diakandapé, en aval de Bongourou et à mi-chemin à peu près entre Kayes et Ambidédi.

(2) Entre Kayes et Médine.

(3) Sur la rive droite, près de Bangassi ; El Hadj avait fait traverser le fleuve à son bataillon, mais il ne le traversa lui-même qu'après la bataille de Soutoukhoulé.

(4) A quelques kilomètres à l'Est de Médine, sur la rive droite.

(5) Ville située au Nord de l'étang de Magui, lequel est formé par un élargissement de la Kholombinné.

(6) Le Diomboko, qui s'étend entre Kayes et le Diafounou, est partagé en deux districts, dont l'un a pour chef-lieu Koniakari et l'autre Séro.

la foi chez mes sujets, et nous viendrons tous ensemble ici auprès de toi. » El Hadj Omar lui répondit : « Je t'accorderai cela si mon armée y consent. » Puis il exposa l'affaire à ses troupes. Les gens du Fouta refusèrent leur consentement. Alors il dit à Moriba : « Retourne tout de suite et en hâte auprès de tes sujets. » Moriba s'en retourna et, tandis qu'il s'en retournait, l'armée décampa immédiatement et marcha de nuit dans la direction de Koniakari, qu'elle atteignit un peu avant midi; elle s'y arrêta, fit cuire la nourriture, la mangea et repartit de là, marchant jusqu'à ce qu'elle fût arrivée à la ville de Séro. Alors El Hadj Omar donna l'ordre de passer la ville de Séro sans s'y arrêter ; ils la passèrent et allèrent camper au village de Khirdiou, dans le voisinage de Séro. Ensuite le chef de Séro, que nous connaissons sous le nom de Moriba Sâfiré, vint trouver El Hadj Omar en ce village et lui fit sa soumission ; El Hadj Omar lui rasa la tête et lui mit un bonnet.

Ensuite il continua sa marche avec son armée dans la direction du Diafounou, jusqu'à ce qu'il fût arrivé près du village de Tambakhara (1); il campa en cet endroit, où tous les gens du Diafounou vinrent lui faire leur soumission. Puis il transporta son camp au village de Yaguiné (2), l'un des villages du Diafounou, où il passa la nuit. Lorsque parut l'aurore, il partagea l'armée entre plusieurs groupes, auxquels il donna l'ordre d'attaquer les gens du village de Madina (3) ; ils tombèrent sur ce village vers dix heures du matin et le combat dura jusque vers midi; ils saccagèrent le village, dont les habitants survivants s'enfuirent à Yélimâné. Ces deux villages (4)

(1) Au Nord-Est de Séro.
(2) Entre Tambakhara et Yélimâné.
(3) Entre Yaguiné et Yélimâné, dans le Guidioume.
(4) Madina et Yélimâné.

faisaient partie de ceux des rois des Bambara (1); le plus âgé des chefs originaires de l'un et l'autre village avait le commandement des deux. Puis El Hadj Omar se porta en avant pour attaquer Yélimâné; après un combat qui dura depuis midi jusqu'au coucher du soleil, le village fut détruit, à l'exception de la maison du chef dans laquelle les Bambara s'étaient rassemblés. Lorsque la nuit fut venue, la pluie se mit à tomber et, à la faveur de l'obscurité, les Bambara sortirent de leur retraite et s'enfuirent. Quand le jour eut paru, El Hadj Omar partit à leur poursuite; arrivé au village de Fanga (2), il s'y arrêta, mais trouva tous les gens du Guidioumé enfuis et réfugiés dans les grottes et sur les montagnes.

Lorsqu'El Hadj Omar se fut arrêté à Fanga, il y fut rejoint par Ouloubo, père de Bâba-Ouloubo, qui lui fit sa soumission et lui dit: « Tous les Soninké et les Peuls du Guidioumé te sont soumis; pour le moment, ils sont dans les montagnes, mais si tu leur permets de venir se placer sous ton autorité, ils viendront. » El Hadj lui dit: « J'y consens, mais, comme je vais partir à l'instant, je laisserai ici quelqu'un entre les mains duquel ils feront leur soumission. » Il laissa, en effet, à Fanga celui de ses disciples connu sous le nom de Modi Mohammed Pakaö et Ouloubo s'en retourna pour convoquer les gens en vue de leur soumission. Quant à El Hadj Omar, il continua sa marche avec son armée jusqu'au village de Tango, où il s'arrêta (3). Il y rencontra un homme de la famille des Mansassi nommé Kanko Diéli, fils de Samba Bélé, fils lui-même du roi mansassi Sirabo; cet homme fit sa soumission à El Hadj et lui fit connaître que tous les Mansassi

(1) C'est-à-dire des villages dépendant directement des rois massassi.
(2) Au Sud de Yélimâné.
(3) Tango se trouve un peu à l'Est de Fanga.

se trouvaient dans le village de Diogha (1) : « Ils se préparent, dit-il, à te combattre ; mais, moi, en ce moment, je te demande d'attendre pendant trois jours, afin que je retourne auprès d'eux et que je leur propose de déposer leurs armes et de se soumettre tous à toi. » El Hadj Omar lui dit : « Sois le bienvenu, toi et ta parole ; j'accepte ta soumission, mais rends-toi immédiatement auprès d'eux. » Alors Kanko Diêli se mit en route dans la direction de Diogha.

Aussitôt que Kanko Diêli fut sorti du village de Tango, El Hadj Omar envoya sur ses traces une grande armée. Puis, quand il eut fait la prière de la tombée de la nuit, El Hadj Omar partit lui-même, voyagea toute la nuit jusqu'au lever du jour et atteignit le village de Diogha. Or, en arrivant auprès des gens rassemblés à Diogha, Kanko Diêli les avait informés de l'impossibilité où ils étaient de combattre El Hadj Omar, leur disant : « Il nous faut retourner auprès de Mâmadi Kandia et le mettre au courant de la question. » Une fois convaincus de la nécessité d'agir ainsi par Kanko Diêli, qui avait autorité sur eux par sa droiture, son expérience et son courage, ils avaient quitté Diogha pour gagner la ville de Nioro et, lorsqu'El Hadj Omar pénétra dans le village, il n'y trouva plus personne. Alors il se mit à leur poursuite.

Arrivé au village de Simbi (2), il y fit halte. Les troupes eurent tellement soif ce jour-là que beaucoup de soldats périrent. Voici l'une des merveilles que l'on raconte au sujet du pouvoir qu'avait El Hadj d'accomplir des miracles : comme les soldats se plaignaient à lui de la soif qui les dévorait, il donna l'ordre de lui apporter de la

---

(1) Généralement appelé Diokha ou Dioka, au Sud-Est de Tango et au Sud-Ouest de Nioro.
(2) Entre Dioka et Nioro.

terre humide ; on en trouva sous un arbre et on l'apporta à El Hadj Omar ; il prononça sur cette terre des formules magiques et invoqua Dieu pour lui demander de l'eau, puis ordonna à ses gens d'enfouir cette terre sous ce même arbre. Quand ils l'eurent enfouie sous l'arbre, il jaillit de dessous cet arbre quatre sources d'un liquide semblable à du lait qui se mit à couler à travers l'herbe sèche, et les hommes et les bêtes purent boire, et les gens purent se laver et remplir d'eau les outres et les vases avant que l'eau ne fût épuisée. On appela ce point d'eau, dans la langue des Peuls, *ouendou fâbou* (1).

Lorsque le jour parut, il reprit sa marche dans la direction du village de Karaharo (2) et fit halte en cet endroit. Quand El Hadj Omar y eut fait halte, Mâmadi Kandia, roi des Bambara, qui s'y trouvait, s'avança vers lui et lui fit sa soumission ; El Hadj lui rasa la tête et lui mit un bonnet. Puis il leva le camp et prit avec Mâmadi Kandia la direction de la ville de Nioro. Lorsqu'ils furent arrivés à proximité de Nioro, El Hadj Omar expédia ses troupes avec ordre d'entrer dans la ville et de s'emparer de toutes les portes de l'enceinte avant que lui-même et Mâmadi Kandia n'y fussent arrivés, et cela à l'insu de Mâmadi Kandia ; et il fut fait ainsi. Ensuite El Hadj Omar arriva avec Mâmadi Kandia, entra dans la maison de celui-ci et interdit à Mâmadi Kandia l'accès de la maison de ses femmes : à cette époque, Mâmadi Kandia était avancé en âge et ne pouvait s'opposer à rien. Par la suite, El Hadj lui remit une seule femme, une cuisinière et un jeune esclave et l'installa dans une hutte

---

(1) C'est-à-dire « la mare du secours ».
(2) Un peu au Nord de Simbi.

qui se trouvait là et où Mâmadi Kandia fut relégué jusqu'à sa mort (1).

Lorsque les Mansassi eurent fait leur soumission à El Hadj Omar, celui-ci leur dit : « Oh ! gens du clan des Mansassi, si votre repentir est un repentir sincère (2), chacun de vous choisira quatre épouses parmi ses femmes. » Car c'était la coutume, chez les Bambara, que rien ne limitât le nombre des femmes de chacun en dehors de l'étendue de ses moyens, et il arrivait qu'un seul homme eût quarante épouses, ou trente, ou vingt, ou dix ou un autre nombre, selon ses moyens. Ils dirent : « Oui. » Alors El Hadj Omar envoya son disciple Alfa Omar fils de Tierno Boïla dans les villages bambara pour le partage des femmes; chaque fois qu'il arrivait dans un village, il faisait sortir toutes les femmes et disait aux hommes de choisir chacun quatre femmes et de répudier les autres; et, lorsqu'ils en avaient choisi chacun quatre, il expédiait les femmes restantes à Nioro. Les choses continuèrent à se passer ainsi jusqu'à ce qu'il arrivât au village de Kolomina (3) : les gens de Kolomina ayant usé de perfidie envers lui, il leur livra bataille et les vainquit, et ils s'enfuirent au village de Guimbané (4) ; Alfa Omar Boïla les y rejoignit avec peine et, n'étant pas de force à lutter avec eux, il expédia une lettre à El Hadj Omar pour que celui-ci envoyât des hommes de renfort. Lorsque la lettre fut parvenue à El Hadj, celui-ci envoya, dit-on, à Alfa Omar 300 hommes, qui combattirent les gens de Guimbané depuis le mercredi d'une semaine jusqu'au mercredi de la semaine

(1) L'entrée d'El Hadj Omar à Nioro eut lieu en 1854; Mâmadi Kandia mourut la même année ou l'année suivante.

(2) Par « repentir » il faut entendre ici le fait d'avoir renoncé au paganisme pour embrasser l'islamisme.

(3) Au Sud de Nioro.

(4) Au Sud de Kolomina.

suivante et les mirent en déroute. Les ennemis s'enfuirent de là dans la direction du Kaarta et du Lankhamané (1).

Quand El Hadj Omar eut appris cela, il se porta en personne de ce côté, marchant sur leurs traces, et il leur expédia des envoyés en enjoignant à ceux-ci, s'ils trouvaient les Bambara réduits aux dernières extrémités, de ne pas les attaquer avant qu'il ne fût arrivé lui-même ; mais les envoyés d'El Hadj n'exécutèrent pas ses ordres et attaquèrent les Bambara, qui leur infligèrent une défaite en un lieu appelé Karéga (2) : les hommes d'El Hadj s'enfuirent en déroute jusqu'à ce qu'ils eussent rencontré El Hadj Omar à Gayalangal (3) ; El Hadj se mit à prêcher en cet endroit jusqu'à ce que toute l'armée fût réunie auprès de lui, puis il se mit en marche avec elle, rencontra l'armée bambara dans le Lankhamané et lui livra un violent combat ; à la suite d'une bataille dure et meurtrière, les Bambara furent mis en déroute et se dispersèrent, puis ils passèrent le fleuve (4) et abandonnèrent complètement le royaume du Kingui. De ce moment date la fin de la guerre entre El Hadj Omar et les Manssassi.

Ensuite El Hadj Omar retourna à Nioro. Après cela, les Diawara se révoltèrent parce qu'ils étaient devenus jaloux de la richesse d'El Hadj en fait de vaches et autres choses. El Hadj Omar leva une armée et partit à sa tête pour faire la guerre aux Diawara qui se trouvaient au village de Diabigué (5). Arrivé sur eux, il les attaqua et saccagea le village ; les Diawara s'enfuirent du

---

(1) Ces deux provinces sont situées au Sud du Kingui.
(2) Dans le Lankhamané.
(3) Je n'ai pu identifier cette localité.
(4) Sans doute il s'agit ici du Baoulé, qui forme vers l'Est la limite du Kaarta.
(5) A l'Est de Nioro.

côté du Bâgounou (1). Il envoya une armée à leur poursuite. Lorsque la nouvelle en parvint aux oreilles des gens de Bassakha (2), ils expédièrent une armée au secours des Diawara ; cette armée rencontra celle des Foutanké (3) en un endroit appelé Bambibéro (4), lui livra bataille et la vainquit. Les Foutanké revinrent auprès d'El Hadj Omar ; une fois arrivés auprès de lui, ils lui firent connaître comment ils avaient combattu contre les gens du Bâkhounou et les Diawara et que beaucoup d'entre eux avaient été tués ce jour-là pour la cause de Dieu. Lorsqu'ils l'eurent informé de cela, El Hadj partit en personne avec l'armée et marcha jusqu'au village de Bassakha, l'attaqua et en tua le chef; puis il attaqua le chef des Diawara, connu sous le nom de Birantiè Karounga, qui s'enfuit au village d'Oïtâla (5).

Pendant ce temps-là, une armée du Massina était arrivée au village de Khassakharé (6) ; El Hadj envoya contre elle Alfa Omar, qui la combattit, la défit et la força à s'enfuir en déroute jusqu'au Massina.

Lorsqu'Alfa fut de retour, El Hadj lui ordonna de regagner Nioro et de le remplacer dans le commandement des gens du Kingui. Quant à lui, il se transporta au village de Diala (7) et y construisit une forteresse qui s'y trouve encore et où il laissa l'un de ses serviteurs. Ensuite il passa

---

(1) Ou Bâkhounou : ce mot est orthographié dans le manuscrit tantôt par un *kha* et tantôt par un *gaf*.

(2) Village du Bâkhounou, au Nord-Ouest de Goumbou.

(3) Ou Toucouleurs ; il s'agit du corps d'armée composé de gens du Fouta.

(4) Dans le Bâkhounou.

(5) A l'Ouest du Niger, non loin de Ségou et au Nord-Ouest de cette ville.

(6) Ou Kassakéré, au Nord-Ouest de Bassakha.

(7) Dans l'Ouest du Kaarta, sur la route de Nioro à Bafoulabé.

par chez les gens d'une forêt connue sous le nom de Sounté (1), traversa le fleuve (2) près de la province du Logo (3) et fit halte au village de Saboussiré, où il s'installa (4). Les Foutanké voulurent attaquer Médine, capitale du Khasso, mais il ne voulut pas y consentir ; cependant ils transgressèrent ses ordres et attaquèrent la ville de Médine, qu'ils assiégèrent ; mais lorsque la crue du fleuve se produisit, une armée des Chrétiens arriva, qui livra bataille aux Foutanké et les vainquit ; ceux-ci s'enfuirent en déroute à Saboussiré auprès d'El Hadj Omar (5).

El Hadj leva alors son camp et quitta Saboussiré pour aller du côté de Koundian (6), où il s'arrêta ; il bâtit une enceinte fortifiée à Koundian et y laissa son serviteur Niama (7). Ensuite il se rendit de là dans le pays du Boundou, dont il fit partir les habitants pour les envoyer au Kingui. Puis il se transporta dans le pays du Fouta, ordonna aussi aux habitants d'émigrer (8) et demeura dans le village de Hôréfondé (9), où il passa l'automne. Après l'automne, il en repartit pour aller à Nioro, révoqua Alfa Omar et le remplaça dans le commandement de Nioro par son serviteur Moustafa (10) ; il donna à son serviteur Assamadi Keïta le commandement de la

---

(1) Entre le Kaarta et le Diomboko.
(2) Le Sénégal.
(3) Province de Médine.
(4) Saboussiré est sur la rive gauche du Sénégal, près et en amont de Médine.
(5) L'auteur du manuscrit a voulu évidemment laisser croire qu'El Hadj Omar n'aurait pris aucune part personnelle à l'attaque de Médine et même qu'il s'y serait opposé, et que cette attaque aurait été le fait des seuls Toucouleurs de son armée ; le siège de Médine, auquel mit fin l'intervention de Faidherbe, dura du 20 avril au 18 juillet 1857.
(6) Sur la rive gauche du Bafing, au Sud-Sud-Est de Bafoulabé.
(7) Ou Diango.
(8) Sous-entendu « au Kingui ».
(9) Entre Kaédi et Saldé, sur la rive gauche du Sénégal.
(10) En 1859.

province du Diomboko, donna à son serviteur nommé Yogo Kballé le commandement de la province du Bâkhounou, celui de la province du Khéniarémé à Soulé Hâoussa, celui de la province du Kuarta-Binné à Dandaoura, celui de la province de Diala à Souleïmân Bâba Raki et celui de la province du Diafounou à Silma Diallo; mais tous avaient pour chef Moustafa Keïta, qui résidait à Nioro.

Après un séjour de trois mois à Nioro, El Hadj Omar partit pour aller faire la guerre à Merkoya (1), qu'il saccagea. Ensuite il partit faire la guerre à Damfa (2) et dévasta le village. Ensuite il attaqua les gens de Ngano et les vainquit ; puis ce fut le tour du village de Diâba (3). Ayant appris la présence de Karounga au village de Sâna (4), il envoya contre lui Alfa Omar, qui lui livra bataille, s'empara de lui et le tua ainsi que son frère et son fils ; après quoi, Alfa Omar revint auprès d'El Hadj Omar. Ensuite l'armée marcha contre le village d'Oïtâla, où s'étaient rassemblés tous les gens de Ségou et où eut lieu un violent combat qui dura trois jours et se termina par la défaite de l'ennemi, lequel s'enfuit en déroute à Ségou. Puis El Hadj Omar marcha sur la ville de Niamina, où il fit halte. Ali, roi de Ségou, ayant appris l'arrivée d'El Hadj à Niamina, s'enfuit de Ségou dans la direction du Massina. Lorsqu'El Hadj Omar en eut connaissance, il s'avança en personne vers Ségou, pénétra dans la ville et devint maître de tout le territoire de Ségou (5).

---

(1) Dans le Nord du Bélédougou, sur la route de Nioro à Bamako.

(2) A l'Est-Nord-Est de Merkoya.

(3) Ngano et Diâba sont deux localités situées entre Damfa et Ségou.

(4) Non loin d'Oïtâla.

(5) C'est le 10 mars 1861 qu'El Hadj Omar entra dans Ségou ; le récit de l'auteur n'est ici qu'un résumé très succinct : en réalité, il s'écoula près d'un an entre l'arrivée d'El Hadj à Nia-

Il y fut remplacé par Ahmadou Cheikhou (1). Après la destruction du village de Merkoya, El Hadj Omar avait envoyé un messager auprès d'Ahmadou Cheikhou, qui se trouvait alors à Dinguiray, et ce dernier s'était rendu auprès de lui à Merkoya. El Hadj Omar lui rendit hommage en personne (2) et lui donna l'armée en le proclamant chef unique sans lui associer personne. Ensuite El Hadj écrivit une lettre à Hamadou Hamadou, sultan du Massina, pour lui demander de chasser de son pays les gens de Ségou (3), mais Hamadou Hamadou refusa de le faire. Alors El Hadj Omar se rendit à Sansanding; l'armée du Massina s'avança à sa rencontre et l'attaqua en cet endroit, mais il la vainquit; puis il marcha contre les gens du Massina : la rencontre eut lieu dans le voisinage de Sofara, en un lieu nommé Dembara (4); ils combattirent si fort que toute la terre se transforma en poussière et que tout le pays fut illuminé par le feu des fusils : ce fut un grand spectacle. Enfin Hamadou Hamadou, sultan du Massina, fut pris et mis à mort par El Hadj Omar (5), qui se transporta dans la ville de

---

mina et son entrée dans Ségou, où il se rendit d'ailleurs en venant, non de Niamina, mais de Sansanding.

(1) Fils d'El Hadj Omar.

(2) La phrase du manuscrit, *oua bâya'a lahou El Hadj Omar binefsihi*, semble vouloir dire qu'El Hadj aurait reconnu la suzeraineté de son fils, alors qu'en réalité il ne se départit envers ce dernier que du commandement de la province de Ségou.

(3) Sous-entendu « qui s'y étaient réfugiés », et notamment le roi Ali Diara.

(4) Le nom peul de ce lieu est Tiaôwal; il est situé sur la rive droite du Bani, entre Sofara et Hamdallâhi.

(5) Le combat de Tiaôwal, même réduit à des proportions moins merveilleuses, fut une rude bataille qui dura six jours. Hamadou d'ailleurs parvint à s'enfuir et ce n'est que plusieurs jours après que, rattrapé sur le Niger, en aval de Mopti, par Alfa Omar, il fut mis à mort sur l'ordre d'El Hadj. Ce Hamadou Hamadou était fils de Hamadou Sékou, fils lui-même du Sékou Hamadou dont il a été parlé au début de ce récit.

Hamdallâhi, résidence du sultan, et devint maître de tout le territoire du Massina (1).

Lorsqu'il se fut installé à Hamdallâhi (2), il envoya un messager à Ségou auprès d'Ahmadou Cheikhou pour lui dire de venir l'y rejoindre. Ahmadou se rendit auprès de lui et ils s'entretinrent ensemble (3), puis Ahmadou retourna à Ségou. Après cela, arriva de Tombouctou une armée commandée par Bekkaï (4), et les gens du Massina se révoltèrent à la voix de Bâ Lobbo (5) : les deux troupes réunies bloquèrent El Hadj Omar dans la capitale (6), en organisant un blocus si solide que les assiégés en furent réduits à manger des cadavres. Comme le siège durait depuis longtemps (7), El Hadj ordonna à Et Tidjâni (8), fils de son frère, de se rendre au village de Bandiagara pour demander des troupes aux Kâdo (9) ; Et Tidjâni emporta une grande quantité d'or, marcha jusqu'à Bandiagara et parla avec les Kâdo jusqu'à ce qu'ils fussent tombés d'accord. Après cela, un envoyé d'El Hadj Omar arriva auprès de son neveu Et Tidjâni Ahmadou (10), lui portant l'ordre de se rendre en hâte auprès de lui, de manière à ce que le soleil ne se couchât pas le lendemain sans qu'il fût arrivé à Hamdallâhi. Mais, lorsque l'envoyé était parti de

---

(1) Mai 1862.

(2) Sur la rive droite du Bani, à mi-chemin entre Dienné et Mopti.

(3) Février 1863.

(4) Ahmed El Bekkaï, chef des Maures Kounta.

(5) Oncle de Hamadou Hamadou.

(6) C'est-à-dire dans Hamdallâhi.

(7) Depuis huit mois à cette époque ; commencé en septembre 1863, le siège dura en tout près d'un an.

(8) *Tidiâni*, selon la prononciation locale, fils d'Alfa Ahmadou, lequel était l'aîné d'El Hadj Omar.

(9) *Kâdo*, pluriel *Hâbé*, est le nom que donnent les Peuls du Massina à tous leurs voisins de race noire ; on applique plus spécialement ce nom aux Tombo de la région de Bandiagara.

(10) C'est-à-dire Tidiâni fils d'Alfa Ahmadou.

Hamdallâhi, l'un des Foutanké (1) était sorti derrière lui et il avait fait connaître aux gens du Massina le message dont cet envoyé était porteur ; ainsi mis au courant de l'affaire, les gens du Massina se portèrent au devant d'Et Tidjâni et l'attaquèrent (2). Alors El Hadj Omar ordonna une sortie et, une fois sortis, ses hommes et lui montèrent sur la montagne (3), combattant toute la journée avec l'ennemi jusqu'à ce que le soleil fût couché.

Lorsque la nuit fut venue, les Foutanké trahirent El Hadj et se mirent à descendre auprès des gens du Massina (4) et à leur faire leur soumission. Alors El Hadj Omar s'écria : « Je jure que le secours de Dieu est proche ! je jure que le secours de Dieu est proche ! entre cette nuit et le lever du soleil de demain matin, on verra venir de Dieu secours et assistance ! » L'un des Foutanké ayant entendu ces paroles prononcées par El Hadj, il en informa les gens du Massina en arrivant au bas de la montagne. Lorsqu'il eurent reçu cette information, les gens du Massina et les Kounta s'efforcèrent de pénétrer dans la grotte dans laquelle était El Hadj Omar (5) et ils combattirent avec acharnement, jusqu'à ce que, le feu ayant été mis à de la poudre qui avait été répandue (6), il se produisit une explosion dans la grotte : et c'est ainsi que se termina la carrière d'El Hadj Omar, et le matin ne se leva pas sur lui (7). Ils demeu-

(1) Qui faisaient partie de l'armée d'El Hadj et étaient assiégés avec lui.

(2) L'empêchant ainsi de venir au secours de son oncle aussi rapidement que l'espérait celui-ci. J'ai dû, dans la traduction de cette phrase, développer un peu le texte, dont l'extrême concision nuisait à la clarté.

(3) Il s'agit des montagnes du Pignari, qui s'étendent entre Hamdallâhi et Bandiagara.

(4) Lesquels étaient demeurés au pied de la montagne.

(5) Afin d'en avoir fini avec lui avant que la prophétie eût eu le temps de s'accomplir.

(6) Dans la grotte.

(7) Septembre 1864.

rèrent en cet endroit le lendemain, jusqu'aux approches du coucher du soleil ; à ce moment arriva l'armée d'Et Tidjâni, qui livra bataille aux gens du Massina et aux Kounta, remporta sur eux une éclatante victoire, se rendit maître de tout le territoire du Massina et demeura dans la ville de Bandiagara jusqu'à ce qu'il eût terminé sa vie pour la gloire de Dieu (1). Fin.

VII

HISTOIRE D'AHMADOU

Histoire du khalifat d'Ahmadou Ech Cheikh (2).

On dit que, lorsqu'El Hadj Omar eut détruit le village de Merkoya, il expédia un messager à Dinguiray auprès d'Ahmadou Ech Cheikh pour lui dire de venir auprès de lui. Ahmadou quitta alors ce lieu et se rendit auprès d'El Hadj Omar à Merkoya. Lorsqu'il fut arrivé auprès d'El Hadj Omar, celui-ci lui rendit hommage en personne et lui dit : « Que tout ce que j'ai en fait de biens et de troupes soit à toi, ô Ahmadou, sans que personne ne te soit associé ! » Après cela, Ahmadou remplaça El Hadj Omar (3) dans le commandement du territoire de Ségou.

Ensuite, quand El Hadj Omar fut parvenu au Massina et s'en fut rendu maître, il envoya un messager à Ahmadou Cheikhou pour lui dire de venir l'y trouver et Ahmadou se rendit auprès de lui dans la ville de Hamdallâhi et y demeura un

---

(1) Tidjâni mourut en 1887 après vingt-trois ans de règne.

(2) L'auteur appelle le fils d'El Hadj Omar tantôt *Ahmadou Ech Cheikh* (Ahmadou le vénérable) tantôt *Ahmadou Cheikhou*, ce qui n'est qu'une adaptation de l'expression précédente à la prononciation locale, laquelle est exactement *Amadou Sékou*.

(3) Exactement « fut le *khalife* (le lieutenant, le vicaire) d'El Hadj Omar ».

certain temps avec lui. Ensuite les gens de Ségou (1) envoyèrent dire au cheikh Omar (2) que les Bambara de Ségou voulaient se révolter et l'avertirent de leur déloyauté. Lorsqu'il eut appris cela, il ordonna à Ahmadou Ech Cheikh de retourner à Ségou.

Ahmadou revint donc à Ségou, où il trouva la trahison chez les indigènes et jusque chez les esclaves. Une fois arrivé dans la ville, il convoqua tous les esclaves, leur donna beaucoup d'argent (3) et leur dit de bonnes paroles, puis, lorsqu'il fut d'accord avec eux, il fit tuer tous leurs chefs. Ensuite tous les gens du pays demeurèrent tranquilles. Mais, lorsque l'autorité d'El Hadj Omar dans le territoire de Massina eut pris fin, tous les indigènes se révoltèrent de nouveau. Dès que cette nouvelle (4) fut arrivée à leurs oreilles, ils rassemblèrent une grande armée et attaquèrent le village de Bakhamabougou (5), qui était un village occupé par les Foutanké; ils le mirent à sac, tuèrent les hommes, emmenèrent les femmes en captivité; puis l'armée des Bambara prit ses quartiers dans les villages de Oueïna et de Tio-Koro (6). Quand Ahmadou Ech Cheikh eut appris cela, il rassembla une grande armée et la confia à Tierno Al Hassâne, auquel il en donna le commandement et qu'il envoya contre le village de Oueïna; Tierno Al Hassâne attaqua le village, le mit à sac et rapporta le butin dans la ville de Ségou.

(1) Non pas les indigènes, mais l'armée toucouleure qui occupait Ségou.

(2) C'est-à-dire à El Hadj Omar.

(3) Le texte porte le mot *mâl* « bien, fortune, avoir »; il s'agit en l'espèce d'une distribution de cauries.

(4) La nouvelle du blocus d'El Hadj Omar dans Hamdallâhi; par les Peuls et les Kounta.

(5) Ou Bamabougou, entre Ségou et Sansanding sur la rive droite du Niger.

(6) Deux villages situés à peu près en face de Sansanding, sur la rive droite du Niger.

Ensuite Ahmadou leva encore une armée dont il donna également le commandement à Tierno Al Hassâne, lui ordonnant d'aller attaquer Tio-Koro ; celui-ci attaqua les Bambara, les vainquit, saccagea le village de Tio-Koro et revint à Ségou avec le butin. Ensuite Ahmadou leva une autre armée, marcha contre Togo (1), saccagea ce village et rapporta le butin à Ségou. Après cela, tous les païens, provenant d'environ quarante localités, s'assemblèrent au village de Kaba ; Ahmadou leva une grande armée et en confia le commandement à Tierno Mokhtar, qui attaqua les païens, les vainquit, saccagea le village et revint à Ségou avec le butin. A la suite de cela, l'armée des païens marcha contre le village de Timou, qui était un village de Bambara reconnaissant l'autorité d'Ahmadou, et en fit le siège, empêchant les habitants de sortir tant que dura la saison sèche et jusqu'à ce que se produisît la crue du fleuve (2) ; alors Ahmadou expédia des troupes dans des pirogues contre les païens ; lorsqu'elles arrivèrent sur ces derniers, elles les attaquèrent et, après un violent combat, remportèrent sur eux une victoire éclatante.

Ensuite Ahmadou en personne marcha contre le village de Sama (3) qu'il mit à sac, tua le commandant de l'armée ennemie, qui s'appelait Douba (4) et était chef de Sokolo (5), et revint à Ségou.

---

(1) Village situé au Sud de Sansanding, sur la rive droite.

(2) Les villages de Kaba et de Timou étaient situés également dans la région comprise entre Ségou et Sansanding et à quelque distance du lit proprement dit du Niger ; durant la saison sèche, une troupe pouvait investir complètement Timou, tandis que, lors des crues, l'eau arrivait jusqu'au village et les assaillants étaient forcés de dégarnir au moins l'une des faces, par laquelle du secours pouvait arriver en pirogues.

(3) En amont de Ségou et sur la rive gauche.

(4) Ou Dougaba.

(5) Chef-lieu actuel du cercle de même nom, au Nord de Ségou ;

Ensuite il envoya Tierno Abdoul Sô, avec une forte armée, contre la ville de Sansanding; Tierno Abdoul Sô attaqua les gens de Sansanding, mais il fut vaincu et même tué en personne pour la cause de Dieu dans cette affaire; son armée revint à Ségou en déroute (1). Après cela, Ahmadou envoya Tierno Al Hassâne contre Sansanding encore, avec une grande armée (2); Tierno Al Hassâne attaqua les gens de Sansanding, mais il fut vaincu par eux et ils lui tuèrent plus de mille hommes, après quoi il revint à Ségou auprès d'Ahmadou.

Ensuite, les gens de quarante villages se réunirent dans le village de Dionkoloni; Ahmadou en fut informé et envoya contre eux deux armées commandées par Tierno Moussa Mohammed et Mohammed Ali; ceux-ci partirent vers ce village, attaquèrent les ennemis, les vainquirent et mirent le village à sac. Puis il envoya contre le village de Sigoula (3) Tierno Al Hassâne, qui attaqua ce village et le saccagea.

Après cela, Ahmadou en personne marcha avec une grande armée contre la ville de Sansanding et en fit le siège; le blocus fut si étroit que les habitants affamés mangèrent des cadavres pendant quatre mois; au bout de cette période, Ahmadou apprit là que les païens se préparaient à attaquer la ville de Ségou et il retourna sur ses pas avec son armée sans avoir pris Sansanding (4).

Douba était venu de Sokolo, à la tête d'un contingent bambara, pour prêter main-forte aux indigènes de la région de Ségou.

(1) Février 1864; c'est après cette affaire qu'arrivèrent à Ségou les explorateurs Mage et Quintin.

(2) D'après Mage, l'expédition de Tierno Al Hassâne contre Sansanding aurait eu lieu avant celle de Tierno Abdoul Sô (ou Abdoul Sek), que Mage appelle Abdoul Bolnadio.

(3) Je ne suis pas certain de la lecture de ce mot.

(4) Parti de Ségou le 4 juillet 1865, Ahmadou y rentra en déroute le 23 septembre; le siège proprement dit n'avait duré que 72 jours.

Ensuite, il attaqua les Peuls parce qu'ils avaient rompu leur pacte d'alliance, leur pilla leurs biens, tua leur chef, emmena toute la tribu en captivité et revint avec elle à Ségou. Puis, ayant appris qu'un homme nommé Séga (1) s'avançait avec son armée contre Ségou, Ahmadou ordonna à Tierno Al Hassâne de marcher à sa rencontre avec des troupes; Tierno Al Hassâne attaqua les ennemis et les vainquit près du fleuve (2), les y poussant jusqu'à les y faire tomber; ils se noyèrent à l'exception d'une centaine d'hommes seulement, alors que leur armée comptait 12.000 hommes, et le chef de l'armée lui-même périt misérablement.

Ensuite suivit l'attaque de Toukoroba, mais les musulmans furent mis en déroute; ce village est dans le voisinage de Niamina. Puis suivit celle du village de Kouna (3), situé du côté de Bamako en arrière du fleuve. Puis suivit l'attaque du village de Fogni, celle-ci faite parce que, vers cette époque, les habitants de ce village s'étaient révoltés et avaient fait appel aux gens d'un chef bambara nommé Souké, qui s'étaient rassemblés dans Fogni avec l'intention d'attaquer la ville de Ségou (4); Ahmadou partit en personne pour cet endroit, attaqua les ennemis, les vainquit et mit à sac le village. Suivit l'attaque de Toukoroba, où s'étaient rassemblés les païens; Ahmadou les vainquit et saccagea le village. Puis suivit l'expédition de Gouni (5), qui s'était révolté et qui fut mis à sac au cours d'une attaque nocturne, Ahmadou lui-même étant à la tête de l'armée des musulmans. Puis suivit l'affaire du village

---

(1) Ou Tiéga.
(2) Du Niger.
(3) Ou Kouni.
(4) Fogni est sur la rive droite, un peu en aval de Niamina.
(5) Rive droite du Niger, en face de Koulikoro.

de Youla, qu'Ahmadou en personne attaqua et vainquit; après quoi il envoya une expédition contre Bangouli, mais elle ne fut pas victorieuse, ses troupes ayant abandonné l'attaque parce qu'elles étaient fatiguées de la guerre. Suivit l'attaque de Séla, village situé dans le voisinage de Bamako (1); Ouali Diawara le mit à sac sur l'ordre d'Ahmadou et tua le chef du village, qui était connu sous le nom de Sâbou. Ensuite l'un des esclaves du prince (2), nommé Kambéné, attaqua le village de Mâbo et le mit à sac; puis il saccagea le village de Falou. Puis suivit l'attaque de Kaya, qui fut mis à sac par Tierno Moussa sur l'ordre du prince; puis suivit l'attaque de Bila (3), qui fut mis à sac par Tierno Al Hassâne; puis suivit l'attaque de Bangouli, qui fut mis à sac par Tierno Al Hassâne. Ensuite on razzia douze villages dans une seule journée. Puis suivit l'attaque de Ouola-Marakala, puis celle de Noungoula (4), qui fut mis à sac. Puis suivit l'attaque de Dita, dans le voisinage de Banamba (5), qui fut mis à sac par Tierno Al Hassâne. Puis suivit l'attaque de Touna (6), puis celle de Kinian (7), qui fut assiégé durant treize mois; dans la ville se trouvaient 12.000 combattants; ils réussirent à sortir pendant une nuit; les troupes d'Ahmadou leur livrèrent bataille et tuèrent les enfants du chef de l'armée ennemie,

---

(1) Séla est un peu en aval de Bamako, sur la rive gauche du Niger.

(2) Ahmadou, à partir de ce point du récit, est fréquemment désigné sous le titre de « prince » (*amîr*).

(3) Rive gauche du Bani, sur la route de Ségou à San.

(4) Rive gauche du Bani, au Sud-Sud-Est de Ségou.

(5) A l'Ouest-Nord-Ouest de Niamina.

(6) Au Sud-Est de Ségou, sur la rive droite du Bani; c'était le quartier général de Mari, frère et successeur d'Ali Diara, le dernier roi bambara de Ségou.

(7) Ville située sur la route de Ségou à Sikasso et où s'était réfugié Mari avec ses troupes après l'attaque de Touna par l'armée d'Ahmadou.

le nommé Mari; celui-ci se sauva au village de Gâro (1) et s'y suicida (2).

Alors survint une épidémie, à la suite de laquelle Ahmadou quitta Ségou pour se rendre à Nioro. A son arrivée, il révoqua tous les serviteurs d'El Hadj Omar et les remplaça par ses frères dans le commandement du pays : il donna à Mountaga la province du Kingui, à Châhidou la province du Khéniarémé, à Dâï la province de Diala, à Noûha la province du Diafounou et à Bassîrou la province du Diomboko. Ensuite il attaqua Guémou-Koura (3) et le village de Sâkhoula. Il demeura à Nioro pendant trois ans (4), puis retourna à Ségou, où il emmena un grand nombre des gens du Kingui.

Lorsqu'il fut arrivé à Ségou, il fit la guerre aux gens de Dioga, qu'il saccagea; puis suivit l'attaque de Nongo et celle de Doérébougou (5), dans lesquelles il échoua; puis suivit une nouvelle expédition contre Bangouli, qu'il saccagea; puis suivit l'attaque de Konina (6); puis suivit l'attaque de Moribougou (7), qu'il mit à sac, puis l'attaque de Sanankoro (8), qu'il mit à sac; puis suivit l'attaque de Kêna (9), qu'il mit à sac; puis suivit l'attaque de Toudiala, dont il vainquit les habitants et qu'il saccagea; puis suivit l'attaque de Kaya, puis celle de Kolina qu'il vainquit et mit à sac.

Après cela, il quitta ce pays pour aller à Nioro (10). Mais, lorsqu'il fut arrivé près de Nioro,

---

(1) Rive gauche du Bani, sur la route de Touna à Ségou.
(2) La mort de Mari eut lieu vers la fin de 1869 ou le début de 1870.
(3) Il s'agit du Guémou situé dans le Sud du Kingui.
(4) De 1870 à 1873.
(5) Au Nord-Nord-Ouest de Koulikoro.
(6) Sur la route de Niamina à Koulikoro.
(7) Près et à l'Ouest de Niamina.
(8) Dans le Bélédougou.
(9) Au Nord de Bamako et à l'Ouest de Doérébougou.
(10) En 1884.

son frère Mountaga refusa de le laisser pénétrer dans la ville, disant : « Rien de bon ne peut résulter de son entrée dans la ville. » Puis, quand Ahmadou se fut décidé à entrer quand même, Mountaga s'enferma avec tous ses amis et leurs serviteurs dans la forteresse, dont il ferma la porte. Lorsque Ahmadou apprit cela, il se trouvait lui-même dans le village de Yéréré (1) ; il rassembla les Foutanké, parla avec eux de cette affaire et dit : « Appelez-moi immédiatement El Hadj Kaba, qui est parmi les meilleurs des hommes, ainsi que Tierno Moussa. » Puis il les envoya tous les deux auprès de Mountaga pour lui dire de sortir de la maison d'El Hadj Omar. Ils se rendirent auprès de lui. Ce jour-là, personne ne put pénétrer dans Nioro à l'exception d'El Hadj Kaba, qui obtint ce privilège en raison de l'excellence de ses vertus et du mérite supérieur de ses pères et de ses aïeux. Ils demandèrent à Mountaga de sortir de la forteresse, mais il s'y refusa. Ils revinrent auprès d'Ahmadou et le mirent au courant.

Alors il partit de Yéréré et se rendit au village de Diamoulé ; lorsqu'il y fut arrivé, il ordonna à El Hadj Kaba de retourner auprès de Mountaga ; El Hadj Kaba y alla et Mountaga lui dit : « Dis au prince qu'il m'accorde un délai jusqu'à demain. » El Hadj Kaba revint auprès d'Ahmadou et l'informa de cette réponse. Alors le prince se transporta dans le Nord de Nioro au village de Nioro-Tougouné, où il campa deux jours, dans l'intervalle desquels El Hadj Kaba retourna encore auprès de Mountaga. Lorsque le prince eut acquis la certitude que Mountaga ne consentirait pas à sortir de la forteresse, il donna à l'armée l'ordre d'entrer dans Nioro. Toutes les troupes firent leur entrée, après quoi Ahmadou

(1) Près et au Nord-Est de Nioro.

lui-même entra dans la ville et descendit, dans la partie de la ville la plus éloignée de la maison du cheikh Omar (1), dans la maison de Bakari Diâné. Puis il assiégea Mountaga durant dix mois, pendant lesquels les deux partis firent feu l'un sur l'autre. A la fin, la famine décima les assiégés, et tous les gens qui étaient avec Mountaga dans la forteresse périrent d'inanition à l'exception d'un petit nombre d'entre eux. Alors l'un de ses serviteurs, nommé Moussandi, s'échappa, vint faire sa soumission au prince et l'informa de leur situation ; le prince fit ordonner à tous ceux qui étaient avec lui dans la forteresse d'en sortir (2) : ils sortirent tous et il ne resta que Mountaga, Dâï et Férengali (3). Alors le prince ordonna à ses hommes de pénétrer jusqu'à ces derniers et de s'emparer d'eux par la force. Lorsqu'ils furent arrivés auprès d'eux, ils les bloquèrent dans le magasin aux poudres pendant toute la nuit ; lorsque l'aube parut, Mountaga mit le feu à la poudre qui fit explosion, toutes les chambres voisines furent détruites et Mountaga périt ainsi que son frère Dâï et Férengali. Après que ces choses eurent eu lieu, le prince fit laver les corps des défunts, les fit envelopper chacun d'un linceul et les fit enterrer dans le lieu de sépulture appelé Kélékouna (4).

Après cela, il fit la guerre au village de Lambidi (5), parce que c'est là qu'avait résidé son

---

(1) Par « la maison du cheikh Omar » il faut entendre la forteresse où s'était réfugié Mountaga et qui avait été construite par El Hadj Omar.

(2) J'ai respecté le texte; mais, d'après les traditions recueillies d'autre part, il faudrait remplacer « le prince » — titre qui désigne constamment Ahmadou dans ce récit — par « Mountaga ».

(3) Dâï était un frère de Mountaga et d'Ahmadou; Férengali était l'homme de confiance de Mountaga.

(4) En 1885.

(5) Au Nord-Nord-Est de Nioro.

frère Dâï. Auparavant, il avait fait la guerre à la tribu des Sambourou (1) et avait tué leur chef Falilou Boli. Ensuite il saccagea le village de Lambidi, tua les hommes et emmena les femmes en captivité, puis il revint à Nioro.

Plus tard, les gens du Diafounou expédièrent un message à El Hadj Mohammed El Amîne Koundiou (2), pour lui demander d'envoyer à leur secours ; il répondit à leur désir et leur accorda ce qu'ils demandaient, et il se rendit à la ville de Gouri (3), où l'on bâtit une forteresse. Lorsque le prince apprit cela, il rassembla une grande armée, marcha contre Gouri et en fit le siège durant huit mois ; au bout de ce temps, les assiégés évacuèrent la ville parce qu'il y mouraient de faim ; les uns firent leur soumission au prince et les autres s'enfuirent vers le fleuve (4). A la suite de cela, Ahmadou eut des discussions avec les Foutanké (5).

Cependant Ahmadou apprit que les Chrétiens s'étaient emparés du territoire de Ségou (6). Il y avait alors comme lieutenant son fils Madâni Tal; Madâni s'était enfui de Ségou avec ses frères vers Sikasso; ensuite, ils s'enfuirent de Sikasso, ayant été instruits des intentions perfides des gens de cette ville à leur égard, arrivèrent enfin à Nioro et trouvèrent le prince dans le village de Youri (7). Aussitôt, Ahmadou partit de là pour retourner dans sa capitale (8) et envoya de nuit

(1) Tribu poule de la région de Nioro.
(2) Marabout soninké plus connu sous le nom de Mahmadou-Lamine, qui fomentait à cette époque la révolte contre les Français dans la région de Bakel.
(3) Capitale du Diafounou, à l'Ouest de Yélimâné.
(4) C'est-à-dire vers le Sénégal (1887).
(5) Parce que les Foutanké critiquaient cette action contre Mahmadou Lamine, dans lequel ils voyaient un allié naturel contre les Français.
(6) Ségou fut pris le 6 avril 1890 par le colonel Archinard.
(7) Près et au Sud-Ouest de Nioro.
(8) C'est-à-dire à Nioro.

Mahmadou Boukari Samba pour aller attaquer les Chrétiens; Mahmadou Boukari livra bataille à ces derniers à Khâlé (1) et ramena un grand nombre des familles de Ségou (2). Ensuite, ayant appris l'entrée des Chrétiens dans la ville de Koniakari (3), Ahmadou s'y rendit en personne et attaqua les Chrétiens, mais il fut vaincu et revint à Nioro.

Puis les Chrétiens marchèrent sur Nioro; Ahmadou se porta en personne au-devant d'eux et les rencontra près de Yélimâné, où eut lieu le combat; les Chrétiens furent vainqueurs, et il retourna à Nioro. Le colonel (4) continua sa marche en prenant la route qui traverse le Khéniarémé et parvint au village de Maël (5), où il se rencontra avec l'armée d'Ahmadou commandée par Mahmadou Boukari, tandis qu'Ahmadou lui-même était dans le village de Foussé. Une bataille eut lieu près de Maël; les troupes d'Ahmadou furent défaites par les Chrétiens et retournèrent auprès d'Ahmadou, qui décampa et rentra à Nioro.

Après avoir fait les préparatifs que comportait sa situation et pris tout l'or qu'il possédait, il évacua la place (6), se dirigeant du côté de Kergodio (7) jusqu'à ce qu'il se fût éloigné de Nioro; puis il quitta cette direction et revint au village de Kolomina (8), allant vers le Kaïlangalé (9). En-

(1) Sur le Sénégal, entre Badoumbé et Bafoulabé.

(2) Il faut entendre « des familles toucouleures » qui avaient fui de Ségou.

(3) Koniakari fut pris le 16 juin 1890 par le colonel Archinard.

(4) Colonel Archinard.

(5) Au Nord-Ouest de Nioro.

(6) Ahmadou évacua Nioro le 30 ou le 31 décembre 1890 et le colonel Archinard y entra le 1er janvier 1891.

(7) Au Nord-Nord-Est de Nioro, dans la direction du Sahara.

(8) Au Sud de Nioro.

(9) Région de mares située au Sud de Nioro entre Kolomina et le Lankhamané.

suite, il reprit de nouveau cette même direction (1) et parvint à Diongué-Diongué (2). Lorsque le colonel eut appris sa présence en ce point, il marcha avec son armée contre lui et ses gens et leur livra bataille en cet endroit; Ahmadou lui-même s'enfuit, se dirigeant du côté du Sahel, et parvint aux environs de Oualata. Là, il demanda à des caravaniers de lui louer leurs services moyennant salaire et acheta des chameaux pour le transport de l'eau, puis partit pour le pays du Massina, où il arriva enfin.

Ayant trouvé son frère Mounirou installé là comme son lieutenant, il le révoqua et demeura au Massina pendant deux ans (3). Ensuite arriva sur lui l'armée des Chrétiens; après leur avoir livré bataille, Ahmadou évacua le Massina et se dirigea du côté de l'Orient jusqu'à ce qu'il fût parvenu au village de Douentza (4), où il resta deux jours; après quoi, l'armée des Chrétiens étant venue sur lui, il leur livra bataille, puis se transporta dans la direction de l'Est. Et à partir de ce moment fut terminée la guerre entre lui et les Chrétiens. Il continua sa marche jusqu'à ce qu'il fût parvenu dans le pays du Haoussa et s'arrêta dans un village appelé Mikalaka, dans le voisinage de Sokoto, où il mourut pour la gloire de Dieu (5). Depuis le jour de sa sortie du Massina, il avait dévasté dix-sept villages païens en se rendant au pays du Haoussa.

Est fini ce que nous avons entendu de la bouche des conteurs à ce sujet; ces renseignements sont vrais en partie, mais Dieu seul connaît la vérité

---

(1) Celle du Nord-Est.
(2) Non loin de Kolomina.
(3) Jusqu'à la conquête du Massina par le général Archinard en avril 1893.
(4) Entre Bandiagara et Hombori.
(5) En 1898.

complète : c'est de lui que tout vient et c'est à lui que tout retourne.

VIII

HISTOIRE DU CLAN DES DOUKOURÉ (1).

Sache que le clan des Doukouré se composait de deux fractions dont l'une s'appelait Ouâro et l'autre Yâtou et qui résidaient dans la province de Touroubanné-Bâkhounou (2), à l'Est de la ville de Goumbou du côté du Sahel (3). Lorsque leur situation y fut devenue prospère, elles se firent la guerre entre elles et la fraction des Ouâro fut victorieuse de la fraction des Yâtou. Après qu'ils eurent été vaincus, les Yâtou se rendirent à Koumbi auprès de Maghan (4) et lui demandèrent une armée pour combattre leurs cousins qui étaient restés à Touroubanné-Bâkhounou. Il accéda à leur demande et ordonna à Ouagané Sakho (5) de marcher avec eux vers cet endroit.

Or Ouagané avait le sommeil fréquent et les

---

(1) Clan soninké qui passe pour avoir quitté Ghâna vers 1076, après la prise de cette ville par les Almoravides, et avoir fondé, vers le début du XIIe siècle, dans la région de Goumbou, une principauté dont ses membres ont conservé le commandement jusqu'à nos jours. Une autre fraction du clan aurait colonisé le Diafounou à une époque antérieure : c'est de cette dernière qu'il s'agit dans ce récit.

(2) C'est-à-dire dans le Bâkhounou de Touroubanné ou Bâkhounou oriental.

(3) Lisez « du Nord », c'est-à-dire au Nord-Est de Goumbou.

(4) Ou Manga, l'un des rois du Ouagadou dont il a été question dans le premier récit ; cela placerait les débuts de l'installation des Doukouré dans la région de Goumbou bien avant l'époque des Almoravides.

(5) Voir le premier récit.

dents longues, et de la salive sortait continuellement de sa bouche, et ces particularités ont persisté jusqu'à maintenant chez ses descendants : lorsqu'on les voit, on les croit fous. Les Yâtou donc marchaient avec l'armée de Ouagané, s'avançant vers la province de Touroubanné-Bàkhounou, et ils parlaient entre eux, disant : « Certes, Maghan ne nous a pas donné un chef de guerre, celui-ci n'est bon à rien. » Et ainsi jusqu'à ce qu'il leur eût fait faire halte en un endroit où se trouvaient des concombres amers ; Ouagané s'endormit et les Yâtou dirent : « Il nous faut l'éprouver avant que nous arrivions sur le théâtre de la guerre. » Et ils le dépouillèrent de ses armes et se mirent à lui jeter des concombres ; alors, s'étant éveillé, il se leva, saisit l'un d'entre les Yâtou et en frappa un autre avec celui-là, et continua ainsi jusqu'à ce qu'il eût tué cent de leurs hommes et que son esclave en eût tué quatre-vingt-dix-neuf ; le nom de cet esclave était Mâmadi Tankabé (1). Les Yâtou dirent : « C'est une expédition qui nous est nuisible » et c'est à cause de cela qu'on les appelle *Dou-Kouré* (2) en langue étrangère. Puis ils implorèrent le pardon de Ouagané et firent pénitence, et il leur pardonna.

Ensuite ils marchèrent avec lui jusqu'à ce qu'ils fussent parvenus à Touroubanné-Bâkhounou ; ils attaquèrent la fraction des Ouâro et la vainquirent. Puis les deux fractions se séparèrent, celle des Ouâro allant se fixer du côté de la ville de Goumbou : ce sont ceux qui sont encore maintenant à Goumbou. Quant aux Yâtou, ils demeurèrent à Touroubanné-Bâkhounou. Ensuite Ouagané Sakho retourna auprès de Maghan ; avant de revenir sur ses pas, il avait épousé une de leurs femmes surnommée Tambadou, qui était

(1) C'est-à-dire, en soninké, « Mâmadi Quatre-vingt-dix ».
(2) En soninké « armée du mal » ou « expédition nuisible ».

enceinte de ses œuvres, et il dit aux Doukouré (1) : « Mon épouse que voici est enceinte, je vous la confie ; si elle accouche d'un garçon, mettez-le à l'école ; si elle accouche d'une fille, mariez-la à un savant sans réclamer de dot à celui-ci. »

Plus tard, un devin leur fit connaître qu'ils régneraient sur une province située dans l'Ouest et appelée Diafounou ; lorsqu'ils eurent entendu cela, ils quittèrent Touroubanné-Bâkhounou, se dirigeant du côté de l'Ouest en longeant le Sahel, jusqu'à ce qu'ils fussent arrivés à proximité du Diafounou, et traversèrent la rivière connue sous le nom de Seïna-Téré vers l'endroit appelé Khourakhatié, lequel se trouve au Nord de Fangaga (2), puis s'établirent dans cette région. Leur chef en ce temps-là s'appelait Yâté Doukouré ; il engendra dans ce pays deux enfants, dont l'un fut appelé Gantiagaba et l'autre Khoura ; Gantiagaba s'établit au village de Tambakhara (3) et Khoura demeura à Khourakhatié (4). Tambakhara fut la résidence de leur roi à cette époque.

Tous les habitants qu'ils trouvèrent à ce moment dans le Diafounou se soumirent à eux. Le plus âgé des chefs des deux familles (5) exerçait le commandement et résidait à Tambakhara. Il en fut ainsi jusqu'au jour où le pouvoir et l'exercice du patriarcat échurent à l'un de leurs chefs nommé

---

(1) D'après ce qui précède, il faudrait supposer que le clan des Doukouré, qui devrait son nom à la circonstance rapportée plus haut, était issu, non pas à la fois des Ouâro et des Yâtou, mais seulement de cette dernière fraction.

(2) Je ne suis pas certain de la lecture de ces trois noms propres ; je crois qu'il s'agit de la rivière qui arrose Yélimâné et se jette dans la Kholembinné ou Kolembiné à l'Ouest de ce dernier point ; les Doukouré durent la passer près du village de Fanga, en amont de Yélimâné et de Niogoméra.

(3) A l'Ouest-Sud-Ouest de Yélimâné.

(4) Probablement à l'Est de Tambakhara.

(5) C'est-à-dire de la famille issue de Gantiagaba et de celle issue de Khoura.

Silman Tiâné, lequel engendra trente enfants mâles; l'aîné de ces enfants se nommait Tâmaro.

En ce temps-là, Tâmaro quitta Tambakhara, se dirigeant du côté de l'Est pour aller chercher une autre résidence. Avec lui étaient six cavaliers, qui s'appelaient : Hamma Laga (1), ancêtre de tous les hommes du Diafounou surnommés Silla; Modi Kodé, ancêtre de tous les Daramé de la même région; Sié Sakho, ancêtre des Diawara qui sont dans ce pays; Ourouma Hammadi, ancêtre des Bidanessi qui sont dans ce pays; Séméga Koré, ancêtre des Séméga qui sont dans ce pays, et Khoura Binné, ancêtre des Doukouré qui sont dans le Diafounou mais n'ont pas la propriété du sol du Diafounou.

Tâmaro s'avança avec eux jusqu'à ce qu'ils eussent atteint un endroit où ils firent halte. Puis Tâmaro, s'étant levé, voulût poursuivre sa route, lorsqu'une épine accrocha son manteau; les gens lui dirent : « O Tâmaro, voilà qu'une épine a accroché ton vêtement. » Il se retourna vers le buisson, arracha l'épine de son manteau, et continua sa route avec eux jusqu'à ce qu'ils fussent arrivés à la colline de Fari, qui se trouve entre le Diafounou et Krémis (2). Là, ils rencontrèrent un génie qui était un vieillard âgé; Tâmaro le salua et il lui rendit son salut. Puis le génie lui dit : « Que cherches-tu, ô homme? » Tâmaro lui répondit qu'il cherchait un endroit pour s'y établir. Le génie lui dit : « Retourne sur tes pas et installe-toi à l'endroit où une épine a accroché ton vêtement. » Tâmaro dit « oui » et retourna avec ses gens à l'endroit en question; il abattit les arbres qui s'y trouvaient, y construisit des habitations et appela le lieu *Gouri*, d'un mot étran-

---

(1) Ou Lafa.
(2) Au Nord-Est de Yélimâné.

ger (1) qui signifie en arabe « s'accrocher à une épine ». Ensuite il y fit venir sa famille; sa situation devint prospère, ses richesses s'accrurent et il régna sur tout le territoire du Diafounou.

C'est à partir de cette époque que chacun des rois qui régnèrent sur ce pays fut surnommé *Téra* (2). Il en fut ainsi jusqu'à l'arrivée des Bambara-Mansassi (3) ; les Doukouré se soumirent alors à ces derniers sans combat et, à partir de ce moment, les chefs du Diafounou furent appelés *Almami* (4) jusqu'à nos jours.

Parmi les merveilles qui sont rapportées au sujet de l'abatage des arbres de Gouri, on raconte la chose suivante : ils abattaient des arbres toute la journée et, avant que le matin n'eût paru, les arbres coupés étaient redevenus tels qu'ils étaient auparavant, si bien que Tàmaro alla se plaindre de cela auprès d'un lettré qui se trouvait là et qui est l'ancêtre des Dyikiné que l'on rencontre dans la province du Diafounou ; celui-ci pratiqua un enchantement sur les arbres et ils purent les abattre et s'établir à la place (5). Ce lettré demeurait au village de Yaguiné (6).

Tàmaro engendra sept enfants, dont l'aîné fut Mà Téra ; quand Tàmaro mourut il fut remplacé par Mà Téra et c'est pour cela que tous ceux qui montèrent sur le trône après lui reçurent le surnom de *Téra*, comme il a été dit précédemment.

La ville de Gouri ne fut jamais saccagée depuis

---

(1) *Gouri* signifie « accroché » en soninké; la ville de Gouri est située sur la rive gauche de la Kholombinné, à mi-chemin entre Tambakhara et Yélimâné.

(2) Voir plus loin l'explication de ce titre.

(3) Voir le récit n° V.

(4) Corruption de l'arabe *al-imâm*, celui qui se place en avant des fidèles pour dire la prière.

(5) Comparer la tradition analogue rapportée dans la légende de Soundiata.

(6) Rive droite de la Kholombinné, en face de Gouri.

sa fondation jusqu'au jour où elle fut détruite par Ahmadou Ech Cheikh (1). La durée de l'existence de Gouri fut d'au moins sept cents ans (2).

Est terminé ce que nous avons entendu de la bouche des conteurs (3).

---

(1) En 1887.

(2) Ce qui placerait la fondation de Gouri dans la seconde moitié du XIIe siècle, soit entre la prise de Ghâna par les Almoravides (1076) et la prise de la même ville par Soumangourou, roi de Sosso.

(3) Ceci termine la 63e page du manuscrit. La 64e et dernière ne porte qu'un seul mot : *Faransi*, c'est-à-dire « Français » : Mamadi-Aïssa a voulu sans doute indiquer par là que les événements postérieurs à ceux qu'il a racontés font partie du domaine de l'Histoire de France.

NOTA. — Aux publications mentionnées page 3 comme contenant des traditions qui se rapportent à celles traduites ici, il convient d'ajouter les ouvrages suivants, parus après l'impression du présent travail : *Contes du Sénégal et du Niger*, par FR. DE ZELTNER (légendes de Soundiata et de Soumangourou, p. 1 à 45); *Chroniques du Foûta Sénégalais*, par M. DELAFOSSE et GADEN; *Tarîkh el-fettâch*, traduit de l'arabe par MM. HOUDAS et DELAFOSSE.

PARIS. — IMP. LEVÉ, RUE CASSETTE, 17.

COMITÉ DE L'AFRIQUE FRANÇAISE

Président : M. JONNART, député, ancien gouverneur général de l'Algérie.
Vice-présidents : EUGÈNE ETIENNE, Vice-Président de la Chambre des Députés, et ERNEST ROUME, gouverneur général honoraire des Colonies.
Trésorier : M. RENÉ FOURET.
Secrétaire général : M. AUGUSTE TERRIER.
Secrétaire : M. ROBERT DE CAIX.

Siège du Comité : **21, rue Cassette, Paris (6e).**

Tout Français souscripteur d'une somme au moins égale à 20 francs devient adhérent du Comité de l'Afrique Française et reçoit le *Bulletin* mensuel du Comité. Le minimum de cotisation est fixé à 15 francs pour les fonctionnaires coloniaux, l'armée et l'enseignement.

L'objet des souscriptions recueillies est :

D'organiser des missions d'exploration et d'études économiques dans les régions africaines soumises ou à soumettre à notre influence ;

D'aider aux missions organisées par le gouvernement ou par les associations géographiques et coloniales ;

De développer l'influence française dans les pays indépendants d'Afrique ;

D'encourager les travaux politiques, économiques et scientifiques relatifs à l'Afrique ;

De poursuivre des études et recherches destinées à préparer ou à appuyer les établissements privés de nos nationaux dans ces régions ;

De tenir les adhérents régulièrement au courant des faits concernant l'Afrique, spécialement au point de vue de l'action des nations européennes colonisatrices.

Un spécimen gratuit du Bulletin *est envoyé franco à toute demande.*

PARIS. — IMPRIMERIE LEVÉ, RUE CASSETTE, 17.

www.ingramcontent.com/pod-product-compliance
Lightning Source LLC
LaVergne TN
LVHW020336230826
846091LV00003B/903

* 9 7 8 2 0 1 3 4 2 8 9 0 3 *